区块链风暴

戴永彧 林定芃 著

企业管理出版社

图书在版编目（CIP）数据

区块链风暴 / 戴永彧，林定芃著. -- 北京：企业管理出版社，2018.10
ISBN 978-7-5164-1796-6

Ⅰ. ①区… Ⅱ. ①戴… ②林… Ⅲ. ①电子商务－支付方式－研究 Ⅳ. ①F713.361.3

中国版本图书馆CIP数据核字(2018)第233692号

书　　名：	区块链风暴
作　　者：	戴永彧　林定芃
选题策划：	周灵均
责任编辑：	周灵均
书　　号：	ISBN 978-7-5164-1796-6
出版发行：	企业管理出版社
地　　址：	北京市海淀区紫竹院南路17号　邮编：100048
网　　址：	http://www.emph.cn
电　　话：	编辑部　（010）68456991　发行部　（010）68701073
电子信箱：	emph003@sina.cn
印　　刷：	北京华创印务有限公司
经　　销：	新华书店
规　　格：	165毫米×235毫米　16开本　15.25印张　150千字
版　　次：	2018年10月第1版　2018年10月第1次印刷
定　　价：	68.00元

版权所有　翻印必究·印装有误　负责调换

序

区块链热延烧的日子，戴永彧院长喊出："凡不以真实消费或落地应用为目的的区块链项目，通通都是耍'流氓'。"这既需要洞察的智慧，更需要说真话的勇气。我是最早看过本书初稿的少数几位之一，深感作者见解独到、鞭辟入里，链上原风景跃然纸上。

因为工作的关系，我所在的中科星泰公司和中科院海西研究院，与戴教授任职院长的海西创业大学有较多交集。对我们开发中国版基础链 Token String 的初衷，戴院长高度赞赏。上线后，Token String 在国际国内发布悬赏，经受饱和黑客攻击测试，基于 Java 的区块链程序安然无恙。和马云不懂 IT 技术一样，同为"60 后"的戴院长也不会编程，但他们对互联网思维和区块链精神的理解，透彻且具有前瞻性。

戴院长创作伊始，在了解他想解构区块链技术的意愿后，我们进行了多次交流与沟通，并且给予了一些个人的见解与意见。戴院长如斯形容区块链技术 1.0 和 2.0：比特币好比没有窗户和楼梯，只有 2100 万套高耗能空调房间的不实用的空中摩天大厦；以太坊则好比一个广袤的开发园区，但入园条件模糊、基础设施不全、建设没有规划。戴院长高度认同 Token String 是真正的区块链技术 3.0。

由衷感谢戴院长能够将这本书写得如此无懈可击，书中所著述的区块链应用场景，全部可基于 Token String 而完美实现！我希望在业内我们能起到抛砖引玉的作用，在日后的落地应用中能引起更多业内人士尤其是应用企业的重视，从而使得这项中国原创技术能够在区块链全球风暴中有更多的建树。

这是一个弯道超车的绝佳时代。以太坊创始人 V 神确实是一个天才，他的创新给了我很多启发，在 Token String 的底层设计上我学习、借鉴了比特币和以太坊技术，同时也做了漏洞修补和关键创新。

中国技术，中国声音，中国规则，中国力量；国际视野，国际领先，国际布局，国际合作。

Token String 从诞生之初即已注定不凡。在戴院长促成下，我们正选择优秀的区块链企业进行混合所有制改造，形成 TOK 产业集群，未来将有大批传统实体产业完美链上 Token String。

让风暴来得更猛烈些吧！

中科星泰数据科技有限公司 CEO/CTO　罗马（Rome）

2018 年 8 月

目 录

第一章
探寻区块链的源头："重回拜占庭" ……………………… 001
 1. 古老的"拜占庭将军问题" ……………………… 002
 2. 国家、组织与个人之间的不信任 ……………………… 003
 3. 构建人类命运共同体最大的挑战 ……………………… 005
 4. 区块链技术的最大社会效用——倒逼地球人诚实守信 …… 011
 5. 区块链之父——中本聪 ……………………… 016
 6. 机器信任、共识机制、"拜占庭容错" ……………………… 018

第二章
区块链的价值：金融中介发展的视角 ……………………… 021
 1. 区块链技术创造智能信用 ……………………… 022
 2. 区块链让"消灭一切中介"真正成为可能 ……………………… 024
 3. 区块链：去中心化的创举 ……………………… 032
 4. 区块链：从"分布式账本"到"分布式数据库" ……………………… 035
 5. 区块链的优势：更安全、更透明、更民主、更可靠 ……… 038

第三章
区块链冲击：改变未来产业的核心技术 ……………………… 043
 1. 分布式存储和区块链框架 ……………………… 044

2. 区块链的核心概念、架构和底层算法 ……………………………… 047

3. 区块链技术的骨骼——密码算法 …………………………………… 052

4. 区块链技术的灵魂——共识算法 …………………………………… 055

5. 区块链更高层级技术——资产互联 ………………………………… 061

6. 区块链技术的应用开发、典型项目和常见问题 …………………… 063

第四章
区块链上的数字资产：互信共识的"比特币" ……………………… 069

1. 比特币——从实物货币到数字货币 ………………………………… 070

2. 郁金香、庞氏——比特币的价值与风险 …………………………… 073

3. 区块链——数字另类资产的新大陆 ………………………………… 079

4. 比特币区块链并不完美 ……………………………………………… 082

5. 区块链不是代币 ……………………………………………………… 086

6. 主权货币更不能脱离中心化 ………………………………………… 089

7. "区块链之母"比特币，实际效用接近零 ………………………… 094

第五章
链接未来：迎接区块链与数字资产的新时代 ……………………… 097

1. 触及金融服务市场的痛点 …………………………………………… 098

2. 信用是金融活动的根基 ……………………………………………… 103

3. 区块链技术驱动金融创新 …………………………………………… 106

4. 区块链最好的一个应用——资产证券化 …………………………… 111

5. 区块链技术的落地应用——Zebra 项目 …………………………… 115

6. 区块链来实现去"中心化" ………………………………………… 118

第六章

人工智能时代：区块链如何构建金融信用长城 …………… 121

1. 信贷圈——大数据下的风险控制 ………………………… 122
2. "区块链+大数据"破解传统风险控制难题 ……………… 129
3. 区块链技术构建金融信用生态圈 ………………………… 135
4. 区块链技术构建银行业客户信用体系 …………………… 138
5. 区块链金融的六大应用场景 ……………………………… 143

第七章

区块链与大数据：打造智能经济 …………………………… 149

1. 链接万物的区块链 ………………………………………… 150
2. 区块链充当数据间化学作用的催化剂——智能合约 …… 153
3. 区块链存储方式，大数据的安全载体 …………………… 157
4. 共享经济，拥抱人工智能 ………………………………… 160
5. 结合了区块链和大数据的虚拟现实 ……………………… 165
6. "区块链+大数据"开启新时代 …………………………… 168
7. 区块链与大数据的结合——建构未来数据社会的基础 … 175

第八章

从信息互联网到价值互联网：区块链如何传递价值 ……… 179

1. 区块链是大数据时代的数据资产流通的关键支撑 ……… 180
2. 区块链是建立价值互联网的基础平台 …………………… 184
3. 区块链是支撑万物互联的万物账本 ……………………… 191
4. 区块链是驱动分享经济发展的新引擎 …………………… 193
5. 区块链是建立社会治理新体系的创新方法 ……………… 195

↳第九章
区块链应用场景：真正从"小众"走向"大众" …………… 197

 1. 建立信任关系，传递信用与价值 ………………………… 198

 2. 自由交易——下一个阿里巴巴 …………………………… 202

 3. 公共服务领域 ……………………………………………… 206

 4. 资产托管领域 ……………………………………………… 210

 5. 金融领域 …………………………………………………… 215

 6. 公证领域 …………………………………………………… 218

 7. 人力资源领域 ……………………………………………… 220

 8. 知识产权领域 ……………………………………………… 224

 9. 区块链应用的挑战与机遇 ………………………………… 229

后记 ……………………………………………………………… 235

chapter

ONE

第一章

探寻区块链的源头:"重回拜占庭"

在原始的战争年代,将军与将军、将军与下属之间的联系只能采用最原始的方式——"出行靠走,通信靠吼"的口头传输。在已知有成员谋反的情况下,其余忠诚的将军在不受叛徒的影响下如何达成一致的协议,这就是"拜占庭将军问题"。

1. 古老的"拜占庭将军问题"

让人生，让人死，让人痴迷，让人疯狂。这就是传说中繁华与没落、绝望与救赎并存的东罗马帝国首都——拜占庭。

想象一下，在拜占庭时代有一个强大的城邦，它拥有巨大的财富，它的周围有 10 个城邦，它们都觊觎拜占庭的财富，想要侵略并占领它。

它们各自组织了一支军队，这 10 支军队之间彼此独立、各自为营，且各自派出一个联络员互相联系。在这种情况下，"中心"是不存在的，信息传递可以在任意两支军队之间进行。也就是说，此时的信息传递是"点对点的"。

假设这 10 支军队必须同时进攻才有胜算，那么要做到同时进攻，就必须确保所有的"点对点"信息传递都是正确无误的。但是，这一点在实际操作中很难。因为在战争中，要做到信息同步几乎不可能，而且存在"他们当中有叛徒，故意传递错误信息"的可能。

这就是信息传递中的"拜占庭难题"。

2. 国家、组织与个人之间的不信任

简单地讲,"拜占庭难题"指的就是去中心化信息传播中的"同步"和"互信"的难题。

我们进一步往深处探讨一下"拜占庭难题",很显然,这10支军队是一个由互相不信任的各方构成的网络,是一个去中心化的网络,但它们又必须一起努力完成共同的使命。它们之间唯一的联络方式就是信使。

如果每个城邦都向其他9个城邦派出1名信使,那么每个城邦会派出9名信使,共10个城邦,也就是说在任何一个时间总计有90次的传输,并且每个城邦分别会收到9个信息,而每一个信息都可能传达着不同的进攻时间。

假设这当中有几个城邦故意同时答应几个不同的进攻时间,或者它们重新向网络发起新的信息,都可能造成进攻时间上的混乱。这种国家、组织与个人之间的不信任,解决的难度会更大。

现在这个网络里只是10个人,那么假如是20个、30个人呢?

我们稍加计算就可以发现：随着人数的增加，达成共识的希望会变得越来越渺茫。

如果把上面例子中的城邦换成计算机网络中的节点，把信使换成节点之间的通信，把进攻时间换成需要达成共识的信息，我们就可以理解"去中心化传播中的共识问题"是一个怎样的难题了。

达成共识对于信息传播的重要性是不言而喻的。

例如，我们在一个去中心化（没有第三方做信用背书）的网络里交易，核实的时候系统告诉你"关于你的上一笔交易情况，我们的系统里有三个版本的记录"，那么这个系统显然是不可信的。在区块链出现之前，去中心化的共识问题是很难被完美解决的，要保证达成共识就必须采取中心化的系统。

再如，两个不认识的人在网络上交易，A付了钱，B却不承认，说自己没有收到，A几乎是一点儿办法也没有。在淘宝上交易，因为有了第三方——支付宝的存在，有支付宝做信用背书，交易才能顺利进行。

我们会发现，在区块链出现之前，绝大多数商业行为都是中心化的系统。

3. 构建人类命运共同体最大的挑战

区块链的出现，其实与信用是必不可分的。为什么呢？

这还要从货币的产生说起。

在原始社会，人们使用以物易物的方式，交换自己所需要的物资，比如一头羊换一头牛。后来发展到用一种大家都能接受的物品作为交换物，于是就有了实物货币的出现——贝壳。

比如，甲有一头羊，乙有一头牛，那么，甲用一头羊换了贝壳，再拿着贝壳去换乙的一头牛。这个交换过程的前提就是，贝壳是甲、乙两人都认可的"实物货币"。

随着商品交换的迅速发展，对货币的需求量越来越大，海贝已无法满足人们的需求，于是人们开始用铜仿制海贝。铜贝的出现，是我国古代货币史上由自然货币向人工货币的一次重大演变。

随着人工铸币的大量使用，海贝这种自然货币便慢慢退出了货币舞台。经过长年的淘汰和选择，金属逐渐取代了其他物品，并成为交换中的固定媒介。

古希腊哲学家亚里士多德认为，货币必须具有实质价值，这种价值由其金属价值决定，货币的实体必须由贵金属构成。在这个相当漫长的时间里，我们发现货币的发展始终停留在"价值货币"的层面上，也就是说，货币本身是有其自身价值的。

随着经济的进一步发展，金属货币同样暴露出使用上的不便。在大额交易中，金属货币的重量和体积给人们增添了很多麻烦，而且金属货币在使用流通的过程中会有磨损，这几乎是不可避免的，在这种情况下纸币应运而生。

纸币的出现，这个时候的货币本身已经没有任何的价值，它只是一种价值的符号。但是人们为什么愿意接受它呢？为什么愿意用自己的大米、猪、牛、羊、衣服等有实际价值的东西，去交换一张自身没有任何价值的纸币呢？

这就是信用问题。

当解决了信用问题，货币就可以完成从"价值货币"到"记账货币"的转变。这其实就是信用共识的问题，纸币天然地把货币的实用价值降到最低，同时纸币天然地带有信用的色彩，即一种被信任的能力。

为什么人们对纸币能够达成信用共识呢？是因为有个"中心（国家）"的存在。人们相信国家，相信政府，所以相信它印刷的纸币。

纵观整个货币发展史，我们不难发现，人类的货币发展史实际上也是人类对信用机制探索的过程。

继续延伸下去,这不只是货币,在人类社会的方方面面,无论是商业还是生活,其实都有"信用"的难题存在,如果不能解决信用问题,人类将寸步难行。目前,商业社会中各个领域的信用机制都是"中心化"的,所以有各种中介的存在。

例如,人们怕对方借钱不还,所以出现了担保人和担保公司;人们网购怕付了钱对方不认,所以有了"支付宝";人们在交易房屋等贵重物品时,怕对方赖账,所以会让房地产中介充当中间人,以起到监督的作用。

有了这些中介还不够,仍然会出现各种各样的纠纷,所以还有公证处、仲裁中心、法院等机构来解决纠纷。

有没有一种方法,能够在去中心化的前提下(没有第三方监管),让两个完全不认识的人之间达成互信呢?区块链就是在解决这个难题的过程中诞生的。它创造了智能信用,对人类意义非凡。

信用、信任对人类社会有多重要,答案是不言而喻的。很多时候,商业活动中的一切曲折和难题都是信任的问题,而其中无数的低效行为和资源浪费,也都是为了解决信任的难题。

(1) 人与人之间的信任

一个人能记住多少张脸?

有一个人类学家，他研究部落的时候，发现每一个部落都控制在 150 人左右。因为人再多一些的话，就记不住了，记不住脸就感受不到亲近，连亲近都没有了，信任就更无从谈起了。没有信任，部落之间的战斗和争端就永远不会停止。

人与人之间点对点的信任，其极限也就是 150 人——这个理论由数学家邓巴提出，也称"邓巴数"。虽然这个世界上有一些人，他们的社交范围非常广，但总体来说，一旦一个群体的人数超过 150 人，成员之间的关系就将开始淡化。

邓巴写道："150 人似乎是我们能够建立社交关系的人数上限，在这种关系中，我们了解他们是谁，也了解他们与我们自己的关系。"

中国人也有一句老话："好事不出门，坏事传千里。"

当一个客户对你的服务满意时，他会告诉身边的 5 个人；而当一个客户对你的服务不满意时，他会告诉身边的 20 个人。

当一个销售人员去拜访他的潜在客户时，即使可以很快断定这个不可能是你的客户，你也不能让他感到你冷热无常。生意可以不做，但是朋友不可不交。否则，这一趟你就白跑了。即使他不可能和你做生意，但是不要忘记他后面还有 150 个人，如果他把你当成了朋友，并且了解了你的生意，他就有可能帮你介绍生意。要知道一个人能够信任的人是非常有限的。所以，在过去的经济活动中，第三方信任背书是必不可少的。

（2）商业信用

商业信用是企业在正常的经营活动和商品交易中由于延期付款或预收账款所形成的企业常见的信贷关系。商业信用是社会信用体系中最重要的组成部分。

商业信用主要的形式有：赊购商品、预收货款和商业汇票。商业信用具有外在性的特点，决定它在一定程度上影响着其他信用的发展。

当前，给自己的商业伙伴多大的信用，主要是实现销售目标的需要，依靠经营者的直觉。商业信用普遍处于一种自发状态，缺乏监管，如果企业透支大量商业信用，应付款超负荷，现金不足时将引发追债。

（3）区块链创造智能信任

区块链可以通过算法建立智能信任——机器和机器间的信任，从而创造一种全新的信用共识机制，而且不需要第三方参与。

区块链全面颠覆了过去的那一套信任机制：用技术信任取代权威中心和情感信任，以此建立一种网络结构，所有人都可以参与并成为无数节点之一，进行认证、确权、交易、追溯和调整等一系列动作。它公开透明，成本低，速度快，分布广泛，没有权威可以篡改、伪造、取缔记录。

简而言之，区块链体系下的信任机制，不再是人与人之间的信任，而是机器与机器之间的信任，这就是我们所说的智能信任。

更确切地讲，区块链是用代码构建的信任，在区块链的系统里，"代码即法律"。

每一次科技的发展，都是为了创造人类更美好的生活。

互联网的出现，带给我们许多不可思议的便捷和惊喜。然而，人们还是感觉到了一些不足之处：互联网上信息爆炸，却难辨真伪；互联网上的信息很容易泄露，导致人们对互联网安全的担忧；互联网减少了很多中间环节，极大地提升了商业活动的效率并降低了成本，但互联网的"去中介化"还不够彻底。

总而言之，区块链是一台制造信任的机器，可以说区块链的核心问题就是解决信用共识的问题。

4. 区块链技术的最大社会效用——倒逼地球人诚实守信

在货币的发展过程中，我们讲到了记账货币，人们最早对区块链的定义就是"分布式账本"。那么，我们不妨从记账方式的变化来探寻区块链的诞生，这一技术又为何会引起如此大的社会反响。

在遥远的旧石器时代，人们记账全凭智商，靠的是记忆力，今天打猎有哪些收获，吃了多少东西，还剩多少东西，全凭心算和记忆在脑海里留存。

后来，由于生产力的提高，物品出现了剩余，部落里的经济活动也变得复杂起来，交易也频繁了起来，这个时候光靠脑子计数已经不行了。于是，人们发明了符号和绘图的方法来记账。

在古代是没有纸的，画符号和画图非常占地方，而且操作起来也不是那么方便。因为图画的寓意远没有文字那么具体明确，不同的人可能会有不同的理解，所以图画只能进行一些最简单的记账。

紧接着，人们发明了"结绳记事"。如果说图画记账只能进行一些最简单的记录，那么结绳记事就丰富多了，它对记录对象的数量变化、最终结果都有明确的表现方式，已经表现出账本的一些基本特征，可以当成账本的起源。

到了原始社会末期，文字出现，这个时候人们开始用文字将收支事项按照时间发展的顺序记录下来，也就是通常所说的"流水账"。随着这种"流水账"的发展，形成了单式记账法，即对每笔业务只在一个账户中进行记录的方法。单式记账法的缺点就是账户设置不完整，账户之间缺乏对应关系。

再后来，出现了复式记账法。

西方的复式记账法出现于 12—13 世纪，中国的复式记账法起源于明末清初的龙门账。复式记账法是对每笔经济业务都必须以相等的金额，同时在两个或两个以上的账户中相互联系地进行登记，借以反映资金来龙去脉的一种记账方法。复式记账法不仅可以核算经营成本，还可以分化出利润和成本。

无论是结绳记事，还是单式记账法，或是复式记账法，由于账本往往是由某一个人记的（过去的账房先生，今天的会计），因此互信的问题始终存在。无论是在古代还是现代，因为记账的人贪污而造成的经济纷争或者经济案件是屡见不鲜的。更何况由于账本可以涂改或随意删减，就更增加了互信的难度。

到了 19 世纪，工业革命导致商业迅猛发展，交易量进一步扩大，尤其是后来西方经理人制度的出现，使得企业的所有者和经营者不再是同一个人，企业的股东可以把公司交给职业经理人来打理。

互信的问题就随之而来了：账是经理人做的，报给股东；股东不放心，心想，万一经理人做假账中饱私囊怎么办？

这个时候他会请一个中间人对账，会计师事务所便出现了。

现如今，由于互联网的出现，记账发展到了电算化的阶段，但是在记账方式发展的任何一个阶段，互信的难题都一直存在，哪怕是到了今天，有了专业第三方机构——会计师事务所，互信问题依然不能完全消除。

例如，万一会计师事务所中的某个员工出现道德问题，给出的账目不可靠呢？

区块链则给了人们一个新的选择，它完美地解决了记账过程中的互信难题。由于它是一个去中心化的分布式的账本，且不可更改，因此可以在不需要任何第三方参与的前提下达成互信。

过去，人类的信用机制一直都是"中心化"的，由一个大型机构（权威机构）做信用背书。例如，在淘宝网上，任意两个人之间都难以产生互信，因此需要第三方——支付宝做信用背书，没有这个第三方，交易就无法进行。但是这当中也存在这样一个问题：假如这个中心出现故障呢，或者再严重一点，这个中心本身就不可靠呢？

这样的例子在现实生活中确实出现过：

2015 年 5 月 27 日下午，国内最大的网上支付平台——支付宝出现了大规模瘫痪。对于此次超过两个小时的故障，支付宝方面回应称："由于杭州市萧山区某地光纤被挖断，目前少部分用户无法使用支付宝。"

有网友调侃："再牛的公司，都干不过蓝翔技校的挖掘机……"

在中心化的系统里，所有的信息都由一台主机（中心）来操控，一旦这个中心本身出现故障，商业活动将面临瘫痪。

更严重的是，万一中心本身就不可靠呢？

中心本身就不可靠在人类历史上最典型的就是战乱年代和政权更迭时期，由于政府的信用背书失去权威性，百姓不再相信这个中心了，纸币严重贬值，人们不得不再次回到金属货币甚至物物交换的层面。

再如，近几年的互联网金融倒闭潮，为了达成借贷双方的互信，往往会引入一个第三方机构——担保公司，还有一些第三方监管机构的参与。但是由于监管中的漏洞，再加上担保公司本身的不可靠（违规做超出自身能力的担保或者没有能力代偿），最后债权方的钱收不回，由此引发了一系列的矛盾纠纷，甚至引发了一些社会问题。

在"中心化"的信用机制下，还存在着"大到不能倒"的难题。

2011 年 9 月 17 日，上千名示威者聚集在美国纽约曼哈顿，试图占领华尔街。他们通过互联网组织起来，抗议人数不断增加，抗议活动不断升级，成为席卷全美的群众性社会运动，史称"占领华尔街"；而出现这次大规模的抗议运动，源于2008年的金融危机。

华尔街因自身不负责任的行为酿成国际金融危机，但是它"大到不能倒"，例如这些金融机构管理着美国一大半养老金，一旦倒闭，可能会引发社会动乱。在这种情况下，美国政府只能用纳税人的钱去给这些金融机构"补血"、填窟窿。这些华尔街的高管们却依然穿得光鲜亮丽，拿着高薪水，由此引发了民众的严重不满。

金融危机虽已过去，华尔街也已恢复元气，但是这些金融机构早已忘了它们是用纳税人的钱渡过难关的，不仅热衷于内部分红和享受，华尔街大银行还要向消费者收取更高的账户费用，最终引发了这次群众性运动。

"占领华尔街"持续时间长达4个多月，其根源是贫富差距问题，人们对大型金融机构的不满只是一个导火索。

"大到不能倒"的问题在很多国家都存在过，例如英国在金融危机爆发时，也通过加印钞票以借给银行的方式来对银行进行援助。

查看一下区块链诞生的时间——比特币的第一个创世区块诞生于2009年1月，跟金融危机发生的时间高度吻合。因此，有观点认为，中本聪发明比特币是要反抗这种"大到不能倒"的"流氓"行为是有一定依据的。

5. 区块链之父——中本聪

中本聪最成功的地方，就是发明了工作量证明（PoW）的方法，利用新币发行的刺激机制，解决了"拜占庭难题"，从而成功地解决了公开网络上的信任机制问题。

中本聪这个名字，最早出现在 2008 年的密码朋克邮件列表中，他提出自己的创意。

2008 年 11 月 1 日深夜 2:10，中本聪发表了著名的《比特币：一种点对点的电子现金系统》（俗称"白皮书"），系统地提出去中心化电子货币的理论。在邮件中他给出了含有上述见解论文的链接，重述了比特币的五个主要特性：

（1）可以用点对点的网络解决双重支付问题。

（2）没有类似铸币厂的第三方信任机构。

（3）使用者完全可以匿名。

（4）可以用哈希现金形式的"工作量证明"来制造新的货币。

（5）用于制造新货币的"工作量证明"机制同样可以用来预

防双重支付。

很快，他提交了可运行的比特币系统。2009年1月3日，中本聪在位于芬兰赫尔辛基的一个小型服务器上挖出了比特币的第一个区块，也被称为"创世区块"，中本聪因此被称为"比特币之父"。

有人说，区块链技术是中本聪为了表达对某些中心化机构的不满，是技术人为了表达对权威的反抗而创立的。依据是，区块链正式走到大众眼前是在2008年金融危机之后，制造了这些金融危机罪恶的华尔街金融巨鳄依然过着挥金如土的日子，因为罪魁祸首是"大到不能倒"，所以政府不得不用财政收入为其错误买单。

2009年1月3日，中本聪本人在创世区块里留下了一句永不可修改的话："2009年1月3日，财政大臣正处于实施第二轮银行紧急援助的边缘。"这句话是《泰晤士报》当天的头版文章标题。区块链的时间戳服务和存在证明，使得这句话连同第一个区块产生的时间被永久性地保留了下来。

6. 机器信任、共识机制、"拜占庭容错"

以区块链为基础，在互联网建立网络空间的新秩序，这建立在整套互联网治理新机制的基础之上。

（1）机器信任

互联网上的信用问题一直困扰着我们。网络诈骗花样翻新、假冒伪劣充斥网店、企业失信屡禁不止，尽管通过信用评分、黑名单公示等机制，互联网信用正在逐步改善，但还没有一个根本性的解决办法。

区块链可以说是一个信任的机器。

区块链是去中心化、去信任的系统，区块链知道社会上骗子和"老赖"的存在，但它让骗子和"老赖"没有得逞的机会。区块链忠实地记录了每一笔交易，且交易记录不可篡改。交易的行为有迹可循，它不给任何人弄虚作假的机会；任何欺诈行为成本巨大，骗子只能望而却步；违约和失信也有迹可寻，没有信用的代价同样是巨大的。

任何资产的转移都是一个智能合约。区块链建立一个智能合约的平台，以计算程序代替合同，约定的条件一旦达成，网络就会自动执行合约。这种契约精神，是互联网法治的基础。

（2）共识机制

区块链建立了共识机制，通过共识机制，正在重构互联网上的价值观。一个事务的发生，需要所有人共同见证，一个事务的接收或拒绝是分布式一致性的结果，是共同确认的结果，确认它的规则是所有参与者共同认可的共识机制。

工作量证明（PoW）要建立的是勤劳者致富的价值观，除了努力，靠投机取巧没有任何机会能够获得记账权利。

股权证明（PoS）是要让财富拥有者有更大的"记账"话语权，它符合公司治理的规则。拥有更多的股份，相应地就承担着更大的责任和义务，以便来维护好区块链的生态。股权代表证明则体现了代表大会的制度，高效而又不失公平。

人类文明的成果被写在了区块链的算法里，这是建立新一代互联网秩序的基础。

（3）开放共享——"拜占庭容错"

区块链有助于建立一个透明、开放、共享、安全的网络空间环境。在区块链中，账本数据全网公开，个人隐私信息匿名加密

保护，交易数据不可篡改，这为数据安全的共享和开放提供了机制上的保障。

通过密码学公私钥匙机制、数据防篡改机制，资产和财富实现了安全保护，这有助于建立起互联网上的安全机制。

区块链的出现，让一切信息可永久保存，可追溯且不可篡改，让造假的成本变得无比高昂。区块链的匿名性可以保护隐私，区块链让"消灭一切中介"真正成为可能，同时区块链还将带来从信息互联网到价值互联网的伟大转变。

chapter TWO

第二章

区块链的价值：金融中介发展的视角

站在金融中介发展的视角，从数字货币到数字化金融，区块链的每一步都站在了舞台的中央。昨天，区块链是数据货币的分布式账本系统，"去中心化"理念支撑了比特币的发展；今天，区块链成为数字化金融资产的分布式账本系统，众筹保险、股权众筹、智能合约、智能债券、跨境支付等成为它的重要应用领域。

区块链风暴

1. 区块链技术创造智能信用

从互联网到移动互联，我们可以清楚地看到技术创新是如何服务商业社会的。信息的互联以及由此带来的技术创新，造就了网络化社交软件的诞生。

当 QQ 问世时，多少人感到欣喜和不可思议：我们可以在同一时间跟五湖四海的陌生人交流，这在网络问世之前是不可想象的。电商发展起来后，人们渴望能够看到其他消费者对商品的评价，技术的创新实现了人们的想象，完全颠覆了过去的商业模式。

以前商家重广告，现在则重口碑。当我们感受到互联网带来的种种便利时，人们又开始想象：能否把这个便利的网络随身携带，不用坐在电脑前也能感受到网络带来的种种便利呢？

安卓技术的出现使之成为现实。移动互联网给人类的生活带来了前所未有的便利，也带来了商业格局的再次颠覆。

区块链同样是技术创新的产物。

首先，互联网上信息爆炸，却难以辨别真伪，以至于人们有了对信息溯源的诉求。如何让信息能够不被篡改并且可以溯源？

对于这一领域的技术探索从未停止过，区块链则让它成为现实。

其次，互联网上我们的信息很容易被一些平台收集、获取，甚至贩卖，还有大量的网络黑客存在，可以说，人们对互联网安全的忧虑从未停止过。因此，对密钥技术的探索，可以说从互联网诞生之初就开始了，而区块链，实际上也是密钥技术发展的产物。

最后，也是最重要的，我们的一切商业活动都处在中心化的网络下。不仅需要消耗大量的中间成本，还会影响效率，最可怕的是一旦中心本身不可靠，带来的后果将非常严重。

商业社会一直都有去中心化的构想，互联网的出现对商业的一个最基本的成就是：中间环节越来越少，渠道越来越短。"消灭一切中介"的口号一直在喊，区块链通过技术的创新在"去中心化"的道路上又前进了一大步，它意义深远且具有颠覆性。

2. 区块链让"消灭一切中介"真正成为可能

我们当前的大部分商业活动都是中心化的，细数一下，几乎各行各业都有中介的存在，尤其是在各种金融活动中，如股权变更。在类似房地产这样的大宗交易中，以及结婚、毕业登记等重要的事项中，一个中间人（中介、监督人、证明人等）是不可缺少的，这个中间人往往还承担着信用中介的职能，而且必须具备权威性。

正如我们前文所讲到的，金融机构（中心）往往是"大到不能倒"，因为一旦中心本身不可靠，带来的后果是极其严重的。

互联网在出现之初就提出了"消灭一切中介"的口号，实际上互联网只是信息共享，起到了缩短中间环节的作用，并且把一部分中介搬到了互联网上，但是并没有真正"消灭中介"。

传统的互联网技术也不可能真正做到"消灭中介"，因为互联网无法制造信用，信用共识永远都是最大的障碍。

以近几年火爆的"互联网金融"为例。互联网金融之所以问题频发，就是因为大部分的互联网金融平台只能起到"信息中介"的作用，但在实际操作中又承担着"信用中介"的职能，要知道绝大多数平台的信用值和实力根本不足以担当此重任，因此出现问题是必然的。

（1）互联网金融风险的本质

我国的互联网金融，从诞生开始到现在的野蛮生长阶段，一直都存在着不少的风险。这些风险可能造成互联网金融某个方面的损失，也可能使互联网金融全军覆没。不管是非系统风险，还是系统风险，只要我们用户在使用时充分认识、足够重视这些风险，并采取适当的防范措施，风险也并非洪水猛兽。先对互联网金融进行风险分析，然后采取全面风险应对的措施，才是我们用户规避互联网金融风险的重中之重。

近年来，互联网金融"跑路"事件层出不穷，风险防控已成重中之重。

金融的周围，总是伴随着惊涛骇浪。作为互联网金融用户，由于互联网的虚拟性，风险要比传统金融大得多。只有算好收益率、流动性、安全性之间的制约关系，才能在互联网金融的惊涛骇浪中所向披靡。

很多用户由于受到一些互联网金融机构的高息诱惑，踩到了互联网金融这颗"地雷"，大量的投资资金血本无归的案例时时发生，却依然能吸引大批的后来者"上钩"。

研究这些案例发现，众多非法事件背后竟然存在着惊人的相似手法，互联网金融机构大多利用投资者贪图高利的心理。其中非法吸收公众存款案件远多于集资诈骗。

e租宝、融资城、大大集团、泛亚、MMM等，这些曾经的互联网金融平台，都在讲述着自己玄之又玄的故事，都在吸纳大量投资者的血汗钱，然而，最后这些巨量资金都以相似的方式被涡流悉数吞噬。

虚假理财平台泡沫破裂时总是跟随着一个被称为"非法集资"的词汇，殊不知，这并不是法律术语。严格意义上讲，所谓的非法集资，可分为非法吸收公众存款和集资诈骗两个罪名。

近年来，互联网金融诈骗事件不仅数量增多，而且规模也越来越大。

云南昆明泛亚有色金属交易所将其"日金宝"等金融产品，通过互联网线上和线下在20多个省销售，骗取了22万个投资者450亿元的资金。金易融（北京）网络科技有限公司运营的"e租宝"网站以及关联公司因在互联网金融业务中涉嫌违法经营活动，融资达750亿元，涉及500万投资人。

这种非法吸收公众存款的罪名，与集资诈骗罪不同。集资诈骗罪是行为人采用虚构事实、隐瞒真相的方法，意图永久非法占有社会不特定公众的资金，具有非法占有的主观故意；而非法吸收公众存款罪，行为人只是临时占用投资人的资金，行为人承诺而且也意图还本付息。

为什么这样的案件屡屡发生，在其背后承载着惊人相似的人性。

因为大多数投资者都是"低风险偏好的高收益簇拥者"，这是一种非理性的投资观念。这种观念根深蒂固，即使爆发再多的"跑路"事件，也难以在短期内获得矫正。基于此，投资观念的矫正，不能依赖于"东窗事发"后的幡然醒悟，而更应当注重事前预防。

（2）用户面临的互联网金融风险

第一，金融机构的经营风险。

作为互联网金融的用户，其利益与金融机构密切相关。如果金融机构经营不善，或不诚信经营，都会给用户带来损失。金融机构不诚信经营主要体现在负责人"跑路"、夸大收益、提供虚假信息、故意隐瞒风险、巧立名目乱收费、暗中扣费等行为。在利益的驱使下，很多不诚信经营的事件频频发生，极大地危害了用户的利益。

第二，信息安全风险。

如果互联网金融机构的网站被黑客非法入侵导致信息泄露，或者金融机构为了一己私利，将个人信息窃取以及将个人信息进行非法买卖这都属于信息安全的范畴。如果用户信息泄露，必然给用户带来一些不必要的麻烦甚至损失。

第三，维护权益的风险。

互联网金融作为伴随互联网兴起的一个新生事物，其法律规范的缺失，不仅体现在缺乏明文规定的约束行为，还体现在用户对自身权益很难进行维护和保护。

比如，一些互联网金融企业，故意夸大收益，隐瞒风险，买卖客户信息，侵犯互联网金融用户的知情权、公平交易权、自主选择权、隐私权等，而我国目前关于互联网金融方面的立法存在缺失，缺乏对用户的权益保障，用户在权益受损时，难以进行有效的追回和弥补。

（3）用户风险防范措施

互联网金融风险防范对于用户规避风险来说，是最基础，也是最重要的一个环节，所以，如何制定正确的风险防控措施至关重要。从用户角度来说，互联网金融的防范，要从增强自身风险防范意识开始。

第一，互联网金融用户积极参加政府主导的针对互联网金融用户的教育活动，提升自己风险防控的能力，用自己的力量来减少风险。

第二，对于互联网金融用户而言，要积极要求互联网金融机构强化信息披露意识，以及进行必要的风险提示，购买互联网金融产品或服务之前，要对金融服务机构进行反复考察，并详细了解可能存在的风险。

第三，互联网金融用户要分散投资，不要把鸡蛋全部放在一个篮子里。具体来说，在选择投资对象上，可以一部分选择阿里小贷，另一部分选择 P2P。在行业对象上，要分散投资在不同的行业上，避免将资金投资在一个行业上。

（4）互联网金融风险的监管

从监管的角度来说，如何进行互联网金融风险的防控，主要做好两方面的工作——"金融消费者保护"与"信息公开"。

金融消费者与普通消费者相比，最大的区别在于，金融消费者的"购买"行为并不是消费行为的重点，二次"变现"才是消费行为的终点。所以，如何保护金融消费者的合法权益，不仅在于保护其购买金融产品的权利，还在于保护其二次变现的权利不受非法行为的侵害。

那么，如何才能做到信息公开呢？我们知道，互联网的本质是信息交换平台，所以互联网金融与传统金融最大的区别就在于其拥有更强的信息交换能力。在信息交换不畅的技术条件下容易导致信息不对称，而利用信息不对称则是相当一部分金融风险的源头。

互联网技术条件下的信息交换则可以非常接近于完全对称。所以互联网金融风险防范最有力的武器就是基于互联网技术进行的信息公开，从而最大程度地降低因为信息不对称所导致的风险的发生。

为了加强风险管控，可以从五个方面来构建防范体系：政府监管、行业自律、社会监督、消费者维权与企业自控。

越是成熟的防控体系，政府监管所占的比重就越小，反之，企业自控的比重就越小。目前，我国的互联网金融防控体系，更多的来自政府监管，其他几个方面可以说是微乎其微。

（5）区块链：从根本上解决互联网金融风险

为了解决这一问题，让互联网金融能够健康发展，行业和政府想出各种方法，但根本上，所有方法的出发点只有一个——找到一个更可靠的"中心"来作为"信用中介"。资金托管也好，政府部门监督也好，都是为了让无序的互联网金融行业能够"中心化"，其争议主要集中在到底由谁来担当这个"中心"上。

例如，我们在网上交易，两个陌生人之间如何达成互信？

这就必须有一个强大的中心来承担"信用中介"的职能，否则交易无法达成；而支付宝就是这样一个中介：

我们买 A 的物品，钱不是打到 A 的账户上，而是先打到支付宝账户上，当我们确认收货后，支付宝再把钱返给 A。这样就保证了交易的安全。

但是，这当中也存在一些问题：

首先，中心太重要了，"大到不能倒"，哪怕是主机出现一点故障都会导致交易无法正常进行；其次，钱需要隔很长一段时间才能打给 A。有没有更好的方法能够解决由"信任危机"所引发的一系列麻烦呢？

区块链技术为我们提供了另一种可能：由技术信任（智能信任）取代人工信任，可以在不需要任何中心的前提下实现互信。

区块链最终不仅会颠覆传统的金融系统，还会颠覆人们记录股票、合同、产权证、专利和结婚证的方式。换句话说，就是几乎所有需要一个值得信赖的中间人进行确认的事宜，因为区块链的参与，这个中间人将不再需要。

3. 区块链：去中心化的创举

目前，关于区块链的融资项目越来越多。为什么风投这么看好区块链领域的投资呢？

一个重要的原因就是它的去中心化。

科斯拉创投的一位合伙人曾经这样说："公司的投资是基于这样的信念——区块链会改变社会对交易的观念，无论是金融，还是其他交易。只要有经纪人的领域，只要是需要专家来证明某样东西有效性的地方，都有可能用区块链绕过去。"

下面我们举一个例子：

传统上，房地产买卖要涉及很多相关人士，交易非常复杂：土地登记处、买方和卖方、抵押贷款提供者（通常是银行）、抵押贷款调查人员和房地产经纪人。在传统的交易中，这个过程中可能出现不必要的拖延，因为不同的利益相关者需要知道，在每一个阶段，交易当中的哪一方需要做些什么，才能继续推进。同时，无论是买方还是卖方，都严重依赖于中介。

一旦有了区块链的参与，这个过程就可以透明化，增加各方的信任，减少官僚作风。自动执行合同（或"智能合同"），区块链技术可以保证必须完成所有必需的步骤之后，款项才开始转移或所有权才会转移。区块链的分布性使交易中任何一方不再依赖唯一的"真相来源（中介）"，进而增加各方的信任，降低成本，加速交易。

不难想象，如果买卖双方能够更清楚地看到和了解对方的举动，中间商就不再是唯一掌握关键信息的人，一些中介角色就会减少甚至消失。

除了商业交易，区块链还可以应用于生活中的其他领域。下面再给大家举个例子：

通常，人们结婚要举行一个婚礼，在婚礼上双方说出誓言，亲朋好友都是证明人。婚礼上还有一个证婚人。一对名为蒙德鲁斯·戴和乔伊斯·巴约的夫妇可能是第一对用比特币来纪念彼此结合的夫妇。

他们当着大约 50 位客人的面，利用一台比特币自动柜员机记录下了自己的书面婚誓。他们的誓言将会保存在区块链里，也就是一个可以永久存储信息的开放式账簿里。

在这个案例里，区块链技术可以充当证婚人的角色，人们可以把结婚数据储存在区块链里，以一种只能回顾却无法修改的方式储存起来。

尽管目前关于区块链的相关应用还在探索之中，但是我们不

难想象，一旦区块链的去中心化能在各个领域全面开花，其对整个世界将会带来多么大的改变，"智能信任"将给人类生活带来怎样的便利。

4. 区块链：从"分布式账本"到"分布式数据库"

在区块链诞生之前，人类的记账方式一直都是"中心化"的。区块链则颠覆了这个传统，它让系统里的每个用户都参与竞争记账。系统会从竞争者中找到记账最快、最好的那个用户，来形成新的区块。

在区块链系统里，每个节点的权利是一样的，任意节点被摧毁都不会影响整个系统的安全，也不会造成数据丢失，这种"去中心化"的记账是更安全、更高效的一种记账方法。它能够在不需要任何中心机构做信用背书的情况下运行，甚至不需要监督。

在区块链刚诞生的时候，我们称它为"区块链1.0时代"，区块链的定义就是"分布式账本"，即一种去中心化的记账方式。

那么，我们又该如何理解呢？

首先我们先了解一下什么是"中心化记账"。下面先来举个例子：

支付宝的数据库就像一个大账本，上面记录了A有多少钱，B有多少钱。如果A用户支付了一笔钱给B用户，那么支付宝就在B用户上加上这笔钱，相应地从A的账户里减掉这笔钱。A和B自身是不参与记账的，记账行为全部由一个中心——支付宝负责处理，这就是传统的"中心式记账"。

区块链则颠覆了这个传统，它让系统里的每个用户都参与竞争记账。在某个时间段内，系统会从竞争者中找出记账最快、最好的用户，相当于这个用户创造了一个新的区块，该用户会把这段时间内的所有交易（数据变化）写到区块中，并复制备份给其他用户。如此周而复始，不断形成新的数据（也就是区块）。

由于每个区块数据都是通过密码学技术链接在一起的，所以将它称为"区块链"。更简单地来说，我们可以把区块链看成是一个总账本，而每个区块相当于这个总账本中的一页。

为了帮助大家更好地理解区块链，我们引入一个"节点"的概念。

那么，什么是节点呢？

在区块链系统中，负责记账的是计算机，因此我们可以把参与记账的每一台计算机称为一个节点。

从上述介绍中，我们可以看出：

（1）在区块链系统中，每个节点（通常是指计算机）都有一个完整的账本副本，因此所有交易数据系统中的人都可以看到。

（2）每个节点的权利是一样的，任意节点被摧毁都不会影响整个系统的安全，也不会造成数据丢失。其在整个系统中的权重都是一致的。系统每次都在链入这个系统的节点中选择记账者，因此即使某个或者部分节点被摧毁、死机，也不会影响整个系统的运作。

（3）每个节点的账本数据都是一模一样的，也就意味着单个节点的数据篡改是没有任何意义的。因为如果系统发现两个账本对不上，它就认为拥有相同账本数量相对较多的节点的版本才是真实的数据版本。那些少部分不一致的节点账本不是真实的，而是被篡改的账本。系统会自动舍弃这部分认为被篡改过的账本。如果想要篡改数据，除非能够控制整个系统中的大部分节点。也就是通常所说的51%，才能完成对账本数据的更改。

现在，人们对区块链的定义进行了延伸：区块链不仅可以记账，还可以记录一切数据。因此，对区块链的定义也由最开始的"分布式账本"变成了现在的"分布式数据库"。

5. 区块链的优势：更安全、更透明、更民主、更可靠

有人将区块链技术称为继 PC、互联网、社交网络、智能手机之后的第五次计算机革命。那么，区块链技术到底有哪些独特之处呢？它的优点何在？下面就为大家一一介绍。

（1）去中心化

去中心化是区块链技术的颠覆性特点，由于使用分布式核算和存储，不存在中心化的硬件或管理机构，任意节点的权利和义务都是均等的，系统中的数据块由整个系统中具有维护功能的节点来共同维护。

它无须中心化代理，实现了一种点对点的直接交互，使得整个交易自主化、简单化，并且排除了被中心化代理控制的风险。

（2）开放性

区块链是一个开放性的系统，除了交易各方的私有信息被加密外，区块链的数据对所有人公开，任何人都可以通过公开的接口查询区块链数据并开发相关应用,因此整个系统信息高度透明。

例如,在比特币区块链里,只要下载比特币软件,任何人都可以进入区块链进行搜索,也可以提交交易。

(3) 自治性

区块链采用基于协商一致的规范和协议(比如一套公开透明的算法),使得整个系统中的所有节点能够在去信任的环境下自由安全地交换数据。这个时候,对机器的信任取代了对"人"的信任,任何人为的干预都不起作用。

(4) 信息不可篡改

为了解释区块链的"信息不可篡改性",我们引入一个"时间戳"的概念。

什么是"时间戳"?

在电子商务交易文件中,时间是十分重要的信息,例如签合同时一定要注明时间且不可篡改;而数字时间戳正是提供这种服务的技术。

过去,时间戳服务都是由第三方认证机构来完成的。

时间戳包括三个部分:需要时间戳的文件的摘要(digest)、第三方机构收到文件的日期和时间及第三方机构的数字签名。

一般来说，时间戳产生的过程为：用户首先将需要加时间戳的文件用哈希编码加密形成摘要，然后将该摘要发送到第三方认证机构，该机构在加入了收到文件摘要的日期和时间信息后再对该文件加密（数字签名），然后送回用户。

书面签署文件的时间是由签署人自己写上的，数字时间戳则不是，它是由认证机构来加的，以该机构收到文件的时间为依据。

简单地来讲，时间戳类似于我们通常所说的"签名""盖章"，给某一笔交易敲下一个不可篡改的时间证明。

区块链中的时间戳签名是写在区块链上的，而区块链过去的部分是不能以任何方式进行修改的。如果文件被修改了，这个哈希值就无法匹配，操纵行为也将被系统检测到。因此，它比传统的公证技术更为安全。

在区块链系统中，一旦信息经过验证并添加到区块链上，就会永久地存储起来，除非能够同时控制住系统中超过 51%的节点，否则单个节点上对数据库的修改是无效的。因此，区块链数据的稳定性和可靠性极高。

（5）匿名性

由于节点之间的交换遵循固定的算法，其数据交互是可信任的（区块链中的程序规则会自行判断活动是否有效），因此交易对手无须通过公开身份的方式让对方对自己产生信任，完全可以做到匿名交易。

（6）可追溯性

由于区块链的所有信息都有时间戳证明，不可篡改，且区块链是一个公开化、透明化的系统，这就意味着在区块链系统里所有信息都可以溯源。

区块链技术将会为我们创造一个安全可靠的交易平台。

chapter THREE

第三章

区块链冲击：改变未来产业的核心技术

区块链是分布式存储、点对点传输、共识机制、加密算法等信息技术在互联网时代的新型应用模式。区块链技术的落地应用，是颠覆整个金融体系运行模式的重大技术。区块链技术（分布式系统、共识、加密、分布式账本等）是一种相对紧耦合的状态，技术门槛不低。

1. 分布式存储和区块链框架

区块链解决了闻名已久的"拜占庭将军问题"：在东罗马帝国时期，几个围攻城堡的联盟将军，只能靠信使来传递信息。将军们思考的问题是：如何防止被其中的叛徒欺骗、迷惑而做出错误的决策？

数学家替他们设计了一套算法，让将军们在接到上一位将军的信息之后，加上自己的签名再转给除发给自己信息之外的其他将军。在这样的信息连环周转中，让将军们得以在不找出叛徒的情况下达成共识，从而能保证得到的信息无误。区块链正是基于这一算法进行设计的。

（1）点对点传输机制

点对点传输机制构建在点对点通信网络（P2P）上，用非对称加密算法和时间戳实现了将军们的"签名转发"机制，保证了区块链无须信任单个节点，却能创建共识网络。区块链不关心参与者是不是叛徒，每个参与者无须了解其他人的背景资料，也无须借助第三方机构来担保或保证，但区块链技术保障了最后的共识结果是可信的。

因此，区块链是用纯数学方法来建立各方的信任关系，交易各方信任关系的建立根本不需要借助第三方，建立信任关系的成本几乎降为零。这也正是区块链的精髓所在。

P2P（Peer to Peer）网络是整个区块链的基础计算架构。

P2P 网络，或者称为对等网络，是一种常用的计算机通信架构。与我们所熟知的客户端——服务器（CS）网络架构不同，在 P2P 网络环境中，成千上万台彼此连接的计算机都处于对等的地位，各个计算机节点直接相连，节点可以自由进入和退出，整个网络一般不依赖专用的集中服务器。

P2P 网络保障了区块链是一个分布式系统，没有中心枢纽，即所谓的"去中心化系统"。

（2）区块链是一个"资产账本"

区块链是由"区块+链"构成的，理解区块链，首先要明白什么是区块。

在区块链中，交易记录数据被以电子化的形式永久储存下来，存放这些交易记录数据的数据存储单元称为"区块(Block)"。区块是按照时间顺序排列的，每隔一定时间生成一个区块，每个区块中记录了它在被创建期间发生的所有交易活动。

每一种区块链的区块结构设计可能不完全相同，但一般区块

的结构都包含区块头（Header）和区块体（Body）两部分。

一个区块的区块头包含了关于区块的关键信息，最为重要的一个信息是上一个区块的哈希值（Iash，也称散列值），用于和上一个区块链接起来，它是区块形成"链"的关键。区块头还记录了区块高度（就是区块顺序编号）、本区块的生成时间（时间戳）、本区块中的交易数量、本区块的总交易金额、本区块大小等相关信息，区块头能为整个区块链数据库提供完整性的保证。

一个区块的区块体则记录了经过验证的区块创建过程中所发生的所有交易的记录。

区块结构有两个非常重要的特点：

第一，每个区块上的交易记录是上一个区块形成之后该区块被创建前发生的所有交易活动，这个特点保证了数据库的完整性。

第二，在绝大多数情况下，一旦新区块完成并被加入区块链的尾部，则这个区块的数据记录就再也不能被改变或删除。这个特点保证了数据库的严谨性，即数据无法被篡改。

2. 区块链的核心概念、架构和底层算法

古代人们比邻而居，生产力水平不高，尚未形成银行等金融机构和社会化的大生产方式，日常活动更多地基于互信，如以物易物、就地生产和就地消费，这和彼此相连的区块链颇有相似之处。

随着生产力水平的不断提升，人们的生产、生活活动开始复杂化，一般等价物和金融机构应运而生，政府这样的社会管理系统慢慢成熟，原本扁平化的人类社会生活模式变得中心化。当然，在相当长的时间里，中心化带来了高效率，使人们具备了和陌生人发生多种经济活动的能力，但是人和人之间的互信却越来越少。

现在出现的区块链，与其说是建立了全新的互信方式，还不如说是帮助人们找回了曾有的互信。

（1）区块链的核心概念与架构

作为一个新兴的信息技术，区块链使用时间戳和数字密码技术，把交易记录记载在按时间序列组成的数据区块中，并使用共识机制把数据存储到分布式数据库内，从而生成了永久保存、不可逆向篡改的唯一数据记录，达到了不依靠任何中心机构而实现可信交易的目的。

区块链的数据记录是公开透明的，一个比较形象的例子就是，在没有互联网和电话的年代，人们的远程信息交流主要是通过邮局寄信来完成的。区块链账本数据库和传统数据库的差别就好像那个年代明信片和平信的差别：明信片的内容可能会被邮局或周围很多人看到，收信人和发信人想否认也否认不了；而平信就不一样了，写的内容是什么，外人并不知道。

同时，区块链的数据记录是不可篡改、永久不变的。

这个就好像多联复写的发票或收据，修改或者销毁单张单据是无法改变其他单据的数据记录的。

2015年5月27日下午17时左右，全国多地网友反映支付宝无法登录。下午18时许，支付宝通过微博发布消息，承认支付宝使用出现故障，原因是杭州市萧山区某地光缆被挖断，支付宝使用出现故障。

这个事件非常典型地反映了中心化数据库存在的巨大风险，无论是数据库本身遭到的损坏（机房出现问题、数据库数据被损坏或者篡改），还是中心数据库和外部终端的通信出现问题，都会导致中心化数据库不能发挥作用。

区块链的分布式存储就是把全部记录分布式保存在整个网络的多个记账节点上，单个节点的损坏或灭失并不会对其他节点造成影响，单个节点的数据错误或篡改更不可能对整体数据产生破坏性的影响。

存储在不同节点的数据信息都受到密码学技术的严格保护，即使获得了相关信息，没有合法授权也无法偷窥到数据信息的真实内容。

区块链通过共识机制创造性地解决了全网各个记账节点的信息同步问题，可以有效地摆脱某些问题节点的影响，完成正确的记账更新。

以比特币为代表的工作量证明（PoW）共识机制还能通过提供有效回馈的方式，激励网络节点参与记账，吸引全世界的算力来为比特币当账房先生，从而有效维护了整个比特币区块链网络的运作和发展。

（2）数字密码货币的底层技术

区块链得以为人所知，是因为它是作为第一个成功的数字密码货币——比特币的底层技术。

2008年10月31日，中本聪在一个隐秘的密码学讨论组上发表了比特币系统的白皮书《一种点对点的电子现金系统》，完整

地阐述了比特币的原理以及他对数字密码货币的看法。

随后在 2009 年 1 月 3 日，中本聪"挖出"了比特币的创世区块，标志着比特币的诞生。作为一种成功的数字密码货币，比特币的总量固定，而且有一定的发行规律，不会产生超发并引起通货膨胀，甚至还会有适度的通货紧缩。它的发行完全是公开、透明、可验证的，同时能解决数字密码货币实践过程中遇到的"双花"问题。

比特币的运行需要"矿工"进行类黄金挖矿（特殊的工作量证明机制，Proof of Work）。"矿工"们参与比特币系统的发行以及手续费的收取，每一个发行的比特币中都凝聚了"矿工"的算力。

虽然"挖矿"被认为是浪费能源的（目前全球比特币系统的用电量每年超过 50 亿度，大致相当于现在一个中等城市的用电量），但是"挖矿"模式是迄今为止维持时间最长、运行状态良好的验证方式。比特币面对全球无数黑客的反复攻击，历时八年没有出现问题，这也证明了数字密码货币是可信赖的。

也正是因为上述特点，比特币诞生以后迅速发展为越来越被人们所认知和接受的数字密码货币。行业内初创公司的融资甚至不再接受传统的货币，转而专门接受比特币的投资，这足以证明比特币的价值获得了业内的公认。

传统的信用卡公司 VISA 也专门发行基于比特币的借记卡和信用卡，支持比特币的 ATM 机也日益增多，以至于财经类的分析中，专家们除了要分析各国汇率以及大宗商品的走势之外，还要分析比特币的币值走向。2017年伊始，比特币的币值再次大涨大跌，又一次撩动了投资者和关注者的神经，特别是其天生的"双花"问题（Double spending problem），也就是双重交付时间。比特币的解决方案是使用点对点的网络来解决"双花"问题。

简单来说，比特币网络就像是一个分布式的时间服务器，为比特币的转移打上了时间戳，这正好符合信息易于传播、难以消无的本性。其具有的点对点转账和突破货币资本管制的特点，被很多人直接用于跨国资金流动。

区块链伴随着比特币的发展而成长。

2015年，区块链终于脱离了对比特币的依附而被公认为是全新的独立技术，可以在更加广泛的应用领域自由驰骋。区块链技术也天生具有比特币的几个特点——公开、透明、可验证，可以被广泛应用于社会经济、生活的不同场景，未来将成为推动商业模式变革以及社会发展的独特力量。

3. 区块链技术的骨骼——密码算法

区块按照时间顺序链接形成了区块链。为了保障区块数据的一致性、完整性和安全性，下面了解一下它是如何进行加密和数字签名的。

比特币区块链的设计者中本聪采用密码学的方式进行加密和数字签名。

这里采用了两个著名的密码学算法：一个是 SHA-256 哈希算法（或散列算法），另外一个是非对称加密算法。

那么，什么是 SHA-256 哈希算法呢？

SHA 是安全哈希算法（Secure Hash Algorithm）的英文缩写，SHA 是美国国家安全局（NSA）设计、美国国家标准与技术研究院（NIST）发布的一系列密码哈希函数。哈希算法将任意长度的一串数据转化为一个长度较短、位数固定的输出值，即哈希值（Hash），简单地理解，就是通过这样的哈希算法，"明文"就变成了一个"代码"。

SHA-256 是 SHA 算法的一种，它把一串数据转化成 0~256

位之间的一个哈希值。它具有如下特点：

第一，每个哈希值都是唯一的。

第二，SHA-256 生成的哈希值具有不可逆性，也就是不能从哈希值直接解码出之前的原始数据。

第三，SHA-256 哈希算法能够保证相同的数据产生相同的哈希值，不同的数据产生不同的哈希值，哪怕只是一个标点符号的不同，哈希值也是不同的。

所以，一串数据的哈希值就可以用于检验数据的完整性。只要数据被改动了，哪怕是一点点蛛丝马迹，经过 SHA-256 哈希算法都能够辨识出来。

SHA-256 哈希算法一般被用于快速查找和加密。这样一种机制保证了区块链的完整性和不可篡改性，任何企图篡改区块链的行为都会立即暴露，因为新的哈希值与旧的哈希值是不匹配的。

那么，什么又是非对称加密算法呢？

简单来说，就是在"加密"和"解密"的过程中，分别使用一个"密钥对"中的两个密钥，如果两个密钥满足以下两个条件，即对信息用其中一个密钥加密后，只有用另一个密钥才能解开，并且其中一个密钥公开后，根据公开的密钥别人也无法算出另一个密钥，那么我们就称这个"密钥对"为非对称密钥对，公开的密钥称为公钥，不公开的密钥称为私钥。

公钥是全网公开可见的，所有人都可以用自己的公钥来加密一段信息，生成一个哈希值，保证信息的真实性、完整性；私钥是只有信息拥有者才知道的，被公钥加密过的信息只有拥有相应私钥的人才能够解密，以保证信息的安全性。

那么，你知道区块是怎样有序链接起来的吗？

区块链是按照时间顺序首尾连在一起的，简单来说，交易数据经过加密后形成区块的哈希值，这个哈希值将成为下一个区块的重要标记，表明"我是你的父亲"。这个哈希值会向全网广播出去。每个区块也会被标记一个时间，称为"时间戳"。时间戳表示这些交易数据是这个时间点写入的，证明了这些交易数据的存在，也表明了"我出生的时间"。

每一个新生区块的区块头都包含了前一个区块的哈希值，这就使得从创世区块（第一个区块）到当前区块连接在一起，形成了一条长链。

时间戳技术让区块链记录了被记录对象的完整历史。从第一个区块开始，到最新产生的区块，区块链上存储了全部历史数据，而且区块链还在不断"繁殖"着。

4. 区块链技术的灵魂——共识算法

在一个中心化的系统里，因为有权威化的中心存在，要达成共识是很容易的。例如，A 跟 B 借 10 万元钱，传统的操作方式是双方去公证处公证，或者请一个颇具权威的中间人来担保。

这样，想赖账都不可能了。

那么，在一个去中心化的系统里，没有权威中心的存在，没有公证人，没有担保公司，也没有中间人，如果 A 借了 B 的 10 万元钱，最后不承认不还钱怎么办？

为了方便大家对去中心化的理解，仍以刚才的借贷为例。

我们来建一个最简单的去中心化模型。

如果 A 借了 B 的 10 万元钱，他们既不找公证，也不找中间人，其操作方法是：

A 在人群中喊一声："我是 A，我找 B 借了 10 万元钱！"

B 也公开承认："我是 B，我借了 10 万元钱给 A！"

此时整个系统里的人都听到了这个消息，大家各自在账本上记下"A找B借了10万元钱"。需要指出的是，在这个系统中，所有人都能收到A的信息，却并不知道其他人的存在。

这就是一个去中心化的系统。

我们会发现，在这个系统中不需要公证，不需要证明人，甚至连借贷协议都不需要，也不需要人与人长久的信任关系。假如A赖账，系统里的其他人就会出账本：××时间，A找B借了10万元钱。

看起来是不是很简单？

去中心化的记账是一个公开、透明的系统，完全不需要第三方监督或者证明。但是，这当中存在两个致命的问题：

第一，由于是点对点的沟通，系统中有那么多人，他们都能接收到A的信息，但是所有节点之间却并不认识，也无法交流，如何能够保证所有人的记账都是同步的呢？

第二，假如有的人没有听清楚，把账记错了，或者包庇A，故意做假账，怎么办？

一个账本中，假如出现时间和账目不一致的情况，那它就是无效的。上述例子中，C记载的是"A找B借了10万元钱"，D记载的是"A找B借了1万元钱"，后面记的账更是五花八门。那么，这个账本就无效了，A完全可以赖账。

这就是去中心化系统所面临的两大难题：同步性问题和一致性问题。

那么，区块链是靠什么达成共识的呢？

共识机制就是对区块链的记账权进行集体验证的机制。

共识机制有几种，主要是工作量证明机制和股权证明机制，通过工作量或者股权的证明，人们能够对记账优先权达成共识。

工作量证明机制，就是所谓的挖矿机制，谁算力强，谁就有优先记账权；股权证明机制就是通过持币数量和持币时间来形成股权，谁持有的股权多，谁挖矿的难度就小，谁就优先获得记账权。

（1）PoW，即工作量证明

迄今为止，人类社会最接近"去中心化"的就是市场经济，完全靠"背后看不见的手"在调节，这个"背后看不见的手"其实就是供求关系，也就是竞争。

区块链的算力竞争类似于市场经济，依靠和个人私利密切相关的机制去调节。也就是说，区块链系统中的每一台计算机都参与记账，但如果有节点出于私利篡改了数据，造成不同节点的账目不一致该怎么办呢？又该以哪个节点记的账为准呢？

区块链是通过算力竞争来达成共识的。

所谓的算力竞争，就是以每个节点的计算能力（算力）来竞

争记账的一种机制。在区块链系统中，大约每 10 分钟进行一轮算力竞争，竞赛的胜利者获得一次记账的权利，即在区块链这个总账本中加入一个新区块的权利。如此周而复始，不断增加新的区块。也就是说，只有竞争的胜利者才能真正参与一轮记账并向其他节点同步更新账目信息。

工作量证明是算力竞争的延续。在算力竞争中，如何判定某个节点在一轮记账中获胜呢？其依据就是工作量证明。

那么到底什么是工作量证明呢？

工作量证明（Proof of Work，简称为 PoW），简单理解就是一份证明，用来确认你做过一定量的工作。比方说，大学四年学习，你拿到了毕业证书，证明你确实认认真真学习了四年，这就是一个工作量证明。

工作量证明的原理，跟这个有点相似。

工作量证明系统（或者说协议、函数），是一种应对拒绝服务攻击和其他服务滥用的对策。它要求发起者进行一定量的运算，也就意味着需要消耗计算机一定的时间。

工作量证明系统的主要特征是客户端需要做一定难度的工作，得出一个结果。验证方却很容易通过结果来检查出客户端是不是做了相应的工作，有没有参与的动力。

同时，还存在下列问题：节点处理事务的能力不同，网络节点数据的吞吐量有差异；节点间通信的信道可能不安全；可能会有做恶节点出现。

那么，要如何解决这些问题呢？

在中本聪的设计里，每轮竞争胜出并完成记账的节点将获得系统给予的一定数量的比特币奖励，这个奖励的过程也是比特币的发行过程。

准确地讲，系统发放的奖励包含两部分：一部分是区块所包含交易的手续费，这部分不属于比特币的发行过程；另一部分是新币奖励，每四年减半，这是比特币的发行过程。目前所获得的奖励以新币奖励为主。

在这个系统中，为了获得系统发放的比特币，节点不停地进行计算和竞争，同时不断地有新区块产生。这个过程很像现实生活中挖矿的过程，因此获得比特币的过程被人们形象地称为"挖矿"。

我们可以看出，在这个系统中，每个节点只需要根据自身利益行事，出于"私利"的目的进行竞争，为了在"工作量证明"中获胜以得到比特币，不得不保持诚实。

这就是比特币的共识机制，比特币借助区块链打造了一个正向的循环系统。在中本聪的设计中采取的是最长链共识。

（2）股份授权证明机制（DpoS）

工作量证明使得区块链系统在没有中心的情况下也能达成

共识，但是对工作量证明也有一些批判，一个常见的指责就是"浪费能源"，因为节点计算需要耗电，"挖矿"已成为能源密集型产业。

出于对消耗能源的担忧，也有科学家在探索和实践新的共识机制。

股权代表证明机制（Delegate Proof of Stock），或称股份授权证明机制，相当于股东代表大会，它的原理是让每一个持有比特股的人进行投票，由此产生101位代表，我们可以将其理解为101个超级节点或者"矿池"，而这101个超级节点彼此的权利是完全相等的。从某种角度来看，DPoS有点像代表大会制度，如果代表不能履行他们的职责——当轮到他们时，没能生成区块，他们将会被除名，网络会选出新的超级节点来取代他们。

本质上，PoS和DPoS又回到了信用机制，我们做了一个信用假设，相信有利益的人或者他们的代表能够记好账。这可能与区块链的理想——去信任相悖，但又是对现实的权衡。

股份授权证明机制类似于董事会投票，持币者投出一定数量的节点，代理其进行验证和记账。它与PoS原理相同，只是选了一些"代表"而已。

DPOS与PoS的主要区别在于节点选举若干代理人，由代理人验证和记账。

5. 区块链更高层级技术——资产互联

下面我们就一起来了解一下区块链更高层级的技术——资产互联。

（1）智能合约

在区块链的环境下，合约就是通过区块链使用密码货币和某人形成某种协议。传统意义上的合约，就是双方或者多方共同协议做或者不做某事来换取某些东西，合同中的每一方必须信任彼此会履行义务。

智能合约的特点是，同样是彼此之间同意做或者不同意做某事，但无须再信任彼此。这是因为智能合约不但是由代码进行定义的，也是由代码强制执行的，自动完成且无法人为干预。

智能合约之所以能进行如此操作，主要是由三个要素造成的：自治、自足和去中心化。自治表示合约一旦被启动就会自动执行，而不需要它的发起者进行任何干预；智能合约能够自足地

获取资源，也就是说通过提供服务或者发行资产来获取资金，当需要的时候也会使用这些资金；智能合约是去中心化的，它们并不依赖单个中心化的服务器，而是分布式存在的，并且通过网络节点来自动运行。

(2) 虚拟机

虚拟机是区块链中智能合约的运行环境，它被"沙箱"封装起来，完全隔离，也就是说，运行在虚拟机内部的代码不能接触到网络、文件系统或者其他进程，甚至智能合约之间也只能进行有限的调用。

这种资产互联的技术，为我们提供了一个更加健康公平的平台。

6. 区块链技术的应用开发、典型项目和常见问题

区块链技术可能会对传统金融带来冲击，这是由区块链自身的特征所决定的。

（1）区块链技术的应用开发

首先，区块链"去中心"，这意味着很多交易都能够以点对点的方式直接进行，从而绕过了传统金融中介机构。以跨境支付为例，传统模式必须依靠不同的消息传递协议和结算协议，在全球各个银行、代理银行间进行处理，使得跨境支付低效率、高成本，还容易出错。有统计显示，跨境支付系统中的这些低效率问题会令所有的参与者每年耗费1.6万亿美元。

如果应用区块链技术，就能够绕过传统跨境转账的繁杂系统，在付款人和收款人之间创造更直接、更迅速的付款流程，而且无须中间手续费。

Ripple是全球第一家国际网络支付公司，其通过分布式账本

实现了及时结算，并保证了交易的准确性，提高了结算效率。

又如现在的证券交易，当证券所有者发出交易指令后，指令需要先后经过证券经纪人、资产托管人，再到达交易所，与证券购买者发出的指令（同样经过证券经纪人、资产托管人、交易所）匹配后才能完成执行；但如果应用区块链技术，就可以建立分布式的数字登记系统，通过智能合约来实现证券交易的自动匹配、结算和清算，这样就跳过了中间的投资银行（经纪业务）和商业银行（资产托管业务），实现点对点直接交易。

区块链能保证点对点的交易成功进行，还在于其能够"去信任"。交易信息按照严格的规则和共识进行记录和更新，任何参与者都可查阅但不可篡改，这样就保证了信息的安全性和可靠性，满足了可信赖记录的要求。可以说这种"去信任"的特点，反而创造出了另外一种通过区块链技术的算法共识产生的信用机制。

区块链技术可以让人们在互不信任并且没有中介的情况下做到相互协作，实现价值传输，这也是区块链技术最大的意义所在，即互联网技术实现了全球信息传递的低成本和高效率，而在此基础之上，区块链技术保证了信息传递和交易记录的真实性，通过算法共识建立起去中心的信用，将信息传递升级到价值传递。

（2）区块链应用所面临的挑战

虽然区块链热潮席卷全球，相关领域的创新热情极高，但区块链的应用仍然面临挑战。M.斯万在其著作《区块链：新经济的蓝图》中分析到，除了技术层面如网络安全和区块容量等问题外，区块链按照"最大公约"的原理构建了一套自治规范，而忽略了法律监管、税务、国家等概念，这些去中介的特性可能成为其走向现实应用的挑战。

第一，区块链的应用可能受到自身技术层面及安全层面的制约。

在共识机制方面，首先，共识机制还缺乏严格的安全性证明，虽然目前已经有包括工作量证明、股权代表证明等在内的多种共识机制，但这些共识机制在理论和实践上还缺乏严格的安全性证明。其次，区块链面临共识机制效率和去中心化程度的权衡问题。去中心化程度越高，共识机制的效率越低，而共识机制的效率又决定了对交易的处理和记录效率。

在信息存储方面，由于区块链会记录从第一笔交易以来所有的交易信息，因此随着节点的增多以及交易量的累积，区块链的账本会不断扩大，如果节点要参与所谓的"挖矿"，就不得不下载容量巨大的账本，这会大大提高参与节点的硬件资源的门槛。因此区块链信息存储容量的局限可能成为未来区块链应用的障碍。

在网络安全方面，尽管区块链具有信息不易篡改的特点，但

并不能防止盗窃和诈骗行为的发生。因为区块链上的交易信息完全公开，当盗窃和诈骗行为发生后，理论上可以对交易记录进行追溯，但要找到实名用户相当困难，甚至需要花费大量的成本；而且由于目前监管缺失，也没有相应法律法规的保护。

可见，区块链账户的实际安全性较低。

2014年，全球最大的比特币交易平台Mt.Cox面对巨额比特币失窃却束手无策，最后只能宣布破产，使该平台上的交易者遭受了巨大损失。

2016年6月，运行在以太坊公有链上的THE DAO智能合约遭遇黑客攻击，造成该合约筹集的多达60 000万美元的公众款项被转移，举世哗然。由此可见，在网络安全方面的缺陷可能会影响区块链技术的应用。

此外，在THE DAO事件中，以太坊平台采取的危机处理措施带有中心化色彩，在逻辑上与区块链的"去中心"相矛盾。

因此，如何在去中心的决策机制和面对危机时的中心化管理之间进行权衡，对区块链将来的发展至关重要。

第二，区块链的应用可能受到现有监管和法律的约束。

区块链的"去中心"忽略了国家、监管等概念。在区块链中，每一个节点地位、权利均等，这使监管机构可能丧失其权威地位。

例如，以比特币为代表的数字货币对货币当局发行货币的权力形成挑战，减弱了中央银行利用货币政策进行宏观调控的效力，因此大部分货币当局对数字货币持谨慎甚至否定的态度。

另一方面，与区块链相关的法律法规建设严重滞后，导致区块链上的相关经济活动缺乏法律保护，无形中加大了参与方的风险。

第三，区块链的应用可能受到来自传统金融领域的阻力。

区块链技术在支付、清算、结算、证券交易等方面可以降低交易成本，提高交易效率，这无疑对传统金融中介机构，如银行、券商、证券交易所、清算结算中心等产生冲击，这些传统金融机构的业务将由于区块链技术的应用而大量减少。

目前包括美国银行、花旗银行、德意志银行、瑞士银行等在内的众多国际知名金融机构看似非常积极地拥抱区块链，但主要目的是利用区块链技术来提高内部系统的自动化和运行效率，而对区块链在整个金融网络中的应用却显得非常谨慎。

区块链去中介的特点可能使其在金融领域的应用遭遇巨大的阻力。

chapter

FOUR

第四章

区块链上的数字资产：互信共识的"比特币"

2010年5月21日，一位昵称为Laszlo的人在论坛上发帖，想出售10 000比特币，当时有人表示，愿意用价值25美元的披萨饼优惠券换这10 000比特币。Laszlo答应了。按照当时比特币的汇率比价大约是1比特币=1.5分人民币；而现在的比特币是1比特币=3 850元人民币，6年时间涨了25.6万倍。疯狂的比特币，难道是"庞氏骗局"吗？

比特币是如何在争议和诟病声中成长和发展起来的呢？除了比特币，区块链数字货币还有哪些品种？区块链数字资产投资平台有哪些？区块链数字货币投资的套利手段有哪些？投资区块链数字货币的风险有哪些？

1. 比特币——从实物货币到数字货币

从以物易物到以牛羊、布帛或者贝壳作为交换媒介，传递的是基于信任的生活理念。在人类漫长的关于货币的求索中，货币落脚在金属上，黄金承载了人类关于货币的记忆，而贝壳和布帛不过是货币的"脚注"。

纸币是最原始的信用货币。随着科技的进步，货币的形式也更加丰富多彩，电子货币开始走入人们的视野。2009年，比特币横空出世，它是一串密码、一个数值，构筑了一个跨越时间、空间和国界的信任体系。

那么，货币的实质是什么呢？为什么说黄金是天然的货币，而现行的货币体系为什么需要超主权货币去拯救呢？

从货币的形式上来看，迄今为止，大致经历了"实物货币——金属货币——信用货币——电子货币"几个阶段。

第一个阶段：实物货币占主导的时期，贝壳、布帛、牛羊等都充当过货币。实物货币之所以随着商品经济的发展逐渐退出货币历史舞台，根本原因在于实物货币具有难以消除的缺陷。它们或体大笨重，不便携带；或质地不匀，难以分割；或容易腐烂，不易储存；或大小不一，难以比较。随着商品交换和贸易的发展，实物货币被金属货币所替代也就不足为奇了。

第二个阶段：金属货币占主导的阶段。金属冶炼技术的出现与发展是金属货币广泛使用的物质前提。金属货币所具有的价值稳定、易于分割、便于储藏等优点，是实物货币难以比拟的。

第三个阶段：信用货币占据主导地位。信用货币产生于金属货币流通时期。早期的商业票据、纸币、银行券都是信用货币。信用货币最初可以兑现为金属货币，逐渐过渡到部分兑现和不能兑现。信用货币在发展过程中，由于政府原因导致多次通货膨胀，在破坏兑现性的同时也促进了信用货币制度的发展与完善。20世纪30年代，世界各国纷纷放弃金属货币制度，不兑现的信用货币制度开始登上货币历史舞台。

第四个阶段：货币的现在与未来——电子货币。电子货币作为现代经济高度发展和金融业技术创新的结果，是以电子和通信技术飞速发展为基础的，也是货币支付手段职能不断演化的表现，从而在某种意义上代表了货币发展的未来。

随着移动互联网、云计算、区块链等技术的发展，在全球支付方式发生巨大变化的背景下，未来货币的形式将更加多元化和智能化。"数字货币"已不仅是一个概念，正逐渐变成一种需求。尽管目前数字货币发行还面临科学技术、流通环境、法律规定等

一系列问题，但是数字货币的魅力难以阻挡。

比特币（BitCoin）就是这样一种数字货币。它的概念最初由中本聪在 2009 年提出，根据中本聪的思路设计发布的开源软件以及建构其上的 P2P 网络。比特币是一种 P2P 形式的数字货币。点对点的传输意味着一个去中心化的支付系统。

与大多数货币不同，比特币不依靠特定货币机构发行，它依据特定算法，通过大量的计算产生。比特币经济使用整个 P2P 网络中众多节点构成的分布式数据库来确认并记录所有的交易行为，并使用密码学的设计来确保货币流通各个环节的安全性。

P2P 的去中心化特性与算法本身可以确保无法通过大量制造比特币来人为操控币值。基于密码学的设计可以使比特币只能被真实的拥有者转移或支付。这同样确保了货币所有权与流通交易的匿名性。比特币与其他虚拟货币最大的不同，是其总数量非常有限，具有极强的稀缺性。该货币系统曾在 4 年内只有不超过 1 050 万个，之后的总数量将被永久限制在 2 100 万个。

比特币可以用来兑现，可以兑换成大多数国家的货币。使用者可以用比特币购买一些虚拟物品，比如网络游戏当中的衣服、帽子、装备等，只要有人接受，也可以使用比特币购买现实生活中的物品。

2. 郁金香、庞氏——比特币的价值与风险

1594年的春天，荷兰的第一朵郁金香盛开了；而郁金香在荷兰流传开来，有一个浪漫的传说：

古时候，在雄伟的城堡里，住着一位美丽的少女，有三位勇士同时爱上了她。为表达爱意，他们一个送了顶皇冠，一个送了把宝剑，还有一个送了块金子。

但少女对三个人都不钟情，只好向花神祷告。花神深感爱情不能勉强，遂把皇冠变成鲜花，宝剑变成绿叶，金子变成球茎，美丽的郁金香就这样诞生了。

据说，这个浪漫的故事是荷兰的花商们为了推销郁金香而编造出来的。故事一经传开，更加深了人们对郁金香的钟爱。不久以后，具有浓郁外国情调的郁金香，就成为荷兰人见人爱的花卉品种。高贵、优美、鲜艳的郁金香，深深地吸引了好奇的荷兰人，尤其是那些带有美丽杂色花纹的稀有品种的郁金香，更令他们爱慕之至。

那些权贵豪富专门派人去土耳其，以高价购买郁金香，举国上下掀起了一股"郁金香热"，以拥有郁金香最为高贵，以欣赏郁金香花最为风雅，以婚嫁时手捧郁金香最为时髦。于是，郁金香成为一种社会身份和财富地位的象征，由此价格也变得昂贵。很快，对郁金香的热爱和追逐就成为一种时尚，流传到了德国、法国等其他欧洲国家。

这就是历史上著名的"郁金香泡沫"危机。当下炙手可热的比特币，跟当年狂热追逐郁金香相比，有什么异同呢？

当下，很多人对比特币还不了解、不清楚，于是社会上充斥着各种反比特币的言论。通过这个故事，我们来看一看比特币的价值与郁金香"博傻""庞氏骗局"的区别。

（1）比特币是郁金香"博傻"吗？

回顾那段疯狂的历史，"郁金香泡沫"无非是这么回事：有种名叫郁金香的花，开得非常漂亮，大家都很喜欢，于是争相购买，据为己有。另外的人也觉得不错，便以更高的价格，从拥有者手中买进。

当郁金香的数量满足不了人们对它的需求时，价格便稳步上升，这就是我们常说的"物以稀为贵"。

一开始大家喜欢这个花，认为值这个钱而购买，后来人们发现，买进再卖出可以赚差价而更加疯狂地去购买。大家都在"博傻",不管以再高的价格买进,总会有更"傻"的人以更高的价格从自己手上买走。

当有一天价格涨不动了,大家开始恐慌性地抛售,郁金香价格瞬间暴跌,那就只剩下花了。

在这个过程中,有个显著的"转折点",之前价格平稳上升,之后瞬间暴跌至几乎为零,然后永远不会回到转折前的高点。这个转折点就是"泡沫破灭点"。

后买的人明明知道这个东西不值这个价,而他只是赌有更"傻"的人愿意以更高的价格接手。最后接盘的人赔了个底朝天,在转折点之前已经卖出的人会稳定受益。

这就是"郁金香泡沫"的特点。

我们来对比一下比特币。虽然比特币价格经常波动,甚至也出现过暴跌,但是不会跌到零,而且暴跌后没多久就会涨到暴跌前的水平。这主要是后来接手的人认为比特币值这个价钱才会买的。比特币的价格走势涨涨跌跌,前期进入的人亏损的也不少,并不是大多数人都会稳定受益的。可见比特币与郁金香"博傻"是有区别的。

(2)比特币是"庞氏骗局"吗

什么是"庞氏骗局"呢?

话说有一个姓庞的人,他说自己有一个很好的投资项目,回

报率很高。若放给他一万元钱,一个月之后能够返给投资者两万元钱。于是便有两个人大胆地放给了他一万元钱。一个月之后,其中一个人果然拿到了两万元钱。

另外一个人一看这是真的,于是把应该取的两万元继续放在姓庞的人那里,期待一个月之后变成四万元,并推荐和吸引更多的人投钱给姓庞的人。

注意,"庞氏骗局"的根源就在这里,其中一个人拿到的两万元钱,只不过是一开始两个人每人投的一万元加起来,给了来取的那个人。若两个人一起来取,那就是四万元,姓庞的这个人是拿不出来的。

后面的骗局就顺利多了,很多人给姓庞的投钱,并且能够赚钱的人很少有人来取,于是庞氏用"空手套白狼"的手段拥有了很多钱。当有少数人来取钱时,他就"拆东墙补西墙",用前面人的钱来给取钱的人。

这样做的好处在于,给人一种随时可以取到钱的假象,让人更加信任,这样就会有更多的人拿钱给庞氏。当前面取钱的人越来越多,池子里的水越来越少的时候,就可以考虑携款"跑路"了。如果跑不了,就努力提高利息,以吸引更多的人来投钱,或者限制取钱的人,来拖延骗局的时间,但是总有一天会因为池子里的"水"干而破产。

"庞氏骗局"的特点在于,有中心化的人或者机构——庞氏来承诺稳定高额的收益,并且前期都能很好地兑现,但是没有实际能增加总体价值的东西，只不过是财富的二次分配而已。

投进去的钱，名义上是你的，实际上是中心的，处于中心的人赚得最多，能在其"跑路"或破产前取回本金和利息的投资者，都能赚到中心所宣称的高回报、高收益。

如果提款人的活跃度较高，中心"跑路"或破产的可能性就很高，而不像郁金香"博傻"那样有一个忽然的转折点。如果投资者没有预知破产和"跑路"，则会血本无归，而不会像"郁金香泡沫"那样，自己的投资还能剩下一些好看的花朵。

对比这些特点，我们再来分析一下比特币。

比特币是去中心化的，没有真正的中心。所谓开发者或者官方，只是负责维护比特币系统的稳定，修补些非核心的问题。核心代码是不能变动的，因为要变动核心便会引起用户用换钱包的行动来投票，没有超过半数的人同意换钱包，新版本便不会生效，他们便不能控制币（比特币）。

另外，币的价格是波动的，而且没有任何承诺会有稳定的高额收益。比特币之所以会涨，是因为其内在的价值增加了，回报赚了的钱是投资收益而不是前面人的钱的转移。

真正的电子币都是没有中心的，这样便没有"跑路"或者破产之说。交易所之所以可能"跑路"，但是我们都知道交易所并不是币，你把很多金条放到金交易所，结果金交易所跑了，难到说是金的问题吗？

所以不交易时，不要把币放在交易所，要提现到自己的离线冷钱包，最好是脑钱包。记住私钥或钱包别让别人知道，币永远都是你的。另外，"庞氏骗局"整体清算时任何时候都是亏空的，而电子币的总市值永远是正的。因此，我们无论从哪一个角度看，其都不像是"庞氏骗局"。

3. 区块链——数字另类资产的新大陆

我们知道，地理大发现奠定了欧洲近几百年在人类社会的领先地位，为欧洲创造了至今仍然可观的物质财富。自从互联网技术于 20 世纪 90 年代初成熟以来，人类社会又开始了一次新的地理大发现运动。这次不再是物理空间的大发现，而是数字空间的大发现。

20 世纪 90 年代中期，麻省理工学院（MIT）媒体实验室负责人尼古拉·尼葛洛庞帝（Nicholas Negroponte）出版的《数字化生存》（*Being Digital*），是这场数字地理大发现的行动宣言。

传统依靠土地、设备、劳动力创造财富的模式因为资源的有限性已经难以为继；而数字空间的无限可扩展性、比特结构的无限可复制性、虚拟世界的多维可塑造性，可能意味着蕴藏在这里面的待开发的财富会数十倍于物理原子世界。这些新财富的表现形式就是数字资产。

那么，什么是数字资产呢？

我们先来了解一下数字资产所具有的属性：

第一，数字资产是登记在区块链账本或分布式账本上的资产，那些登记在工商局的股权、登记在房产局的房产一定不是数字资产。

第二，数字资产是以比特结构存在的虚拟资产，不是像黄金那样具有原子结构的实物资产。

第三，数字资产是一段计算机程序，不再是一行数字符号，可以对它进行编程。资产之间的交换是代码与代码的交换，不是数字之间的增减。

第四，数字资产因具有可编程性，可以在区块链上通过编制智能合约程序，完全去中介化地自主、自治地进行点对点交易，不需要人工干预。

第五，数字资产大部分情况下都是以数字货币的形式存在的。数字资产跨越了资产证券化的阶段，直接到达了资产货币化的阶段。

比特币、以太币等数字货币是目前最为人们所熟悉的一类数字资产。数字货币式样繁多，大概有 300 多种，市值约 120 亿美元，但数字资产的范围比这要大得多。欧美主流金融机构几乎都成立了自己的区块链实验室，正在各种金融场景中试验运用区块链技术，来创设发行智能股票、智能债券。

所谓智能，其实就是利用区块链数据的不可更改性和可编程性，在区块链上登记发行股票或债券，使得这些数字化的股票或债券可以依靠智能合约点对点地自主交易、自主结算。

在另一条跑道上，还有许多推崇完全去中心化，希望在数字世界里建立一个完全自由、自主、自治体系的技术极客们，也在尝试推出形形色色的数字资产。根据国际商业机器公司（IBM）于2014年发布的物联网白皮书《设备民主》预测，到2050年将会有1 000亿台设备连网在线，届时在区块链的管理下，将可以实现设备对设备的金融交易（M2M），这更是一个创设、发行、交易数字资产的重大机遇。

我们可以做一个乐观的展望：十年之后，数字资产的整体市值预计将达到万亿美元！到那时，数字资产必将成为另类资产中一个举足轻重的类别。谁忽略数字资产，谁不把数字资产列入自己的资产组合，那谁的业绩回报将难以超越基准、超越同行。

4. 比特币区块链并不完美

比特币区块链已经运行了七八年，而且显示出了强大的生命力，虽然现在它还并不完善，仍然存在着很多待解决的问题，但是它的前景却是光明的。区块链要实现它的价值，并全面应用于经济社会的各个领域，必须面对这些问题。

（1）交易效率低和交易确认时间长的问题

交易效率低。相比于很多互联网支付网络，比特币的交易效率还是很低的，每秒处理笔数的峰值一般小于 7。在 2014 年"双十一"期间，支付宝实现了峰值每秒处理 47 500 笔交易的速度，全球最大的支付卡 VISA 也曾实现每秒处理 47 000 笔交易的速度。从交易处理频率来看，这是几个数量级的差距，比特币交易远远达不到全球贸易的实际要求。

当然，这也是中本聪早期故意为之的设计，比特币区块大小被限制在了 1 MB，起初该设置主要是为了防止 DoS（拒绝服务）攻击，以避免"流氓矿工"的恶意行为，对人们造成不良的影响。但这样大小的区块所能承载的交易数也就只有那么多。

(2) 高耗能问题

区块链是一个高耗能的系统，其网络每秒运算能力达到了惊人的千万亿次，而其目的是维护区块链的真实性和完整性。它通过工作量证明机制来维护区块链的整体运行及其安全性，"矿工"通过随机的哈希运算来争夺比特币区块链的记账权，这一过程需要消耗电力来完成，而且只有不到 1%的"矿工"能够竞争到每 10 分钟区块的记账权，其他参与竞争的 99%以上的"矿工"算力浪费。

据估计，比特币挖矿网络每天消耗的电力资源达到了 700 万元。从某种程度上来说，比特币区块链是通过牺牲 IT 资源来换取其公平性的。

(3) 技术性能问题

区块链容量问题。当下，比特币区块链总数据容量已经达到了几十 GB，用户如果使用比特币核心客户端进行数据同步，可能三天三夜都无法同步完成，并且区块链的数据量还在不断地增加，这给比特币核心客户端（Bitcoin core）的运行带来了很高的门槛，普通用户并不适合去使用客户端，这也就造成了运行比特币全节点（Full Nodes）的数量不增反减。

区块链数据库记录了从创建开始发生的每一笔交易，因此每一个想参与进来的节点都必须下载存储并实时更新一份从创世区块开始延续至今的数据包。如果每一个节点的数据都完全同

步,那么区块链数据的存储空间容量要求就可能成为一个制约其发展的关键问题。

(4) 安全性问题

区块链将交易数据记录在网内每个节点上,从目前来看,由于采用了非对称密码学的原理,数据是安全的,但是世界上没有绝对的安全,随着数学研究和量子计算机技术的进一步发展,这些非对称加密算法能否被破解呢?

也许在未来,基于数学原理算法的安全性会变得越来越脆弱,那时区块链技术就失去了信任这一最根本的基石。对于这个问题,需要认真研究,未来整合更强的加密原理。相对于比特币区块链,其他区块链的安全性会差很多,但是就创新速度而言,它们又要快得多。

(5) 与货币金融体系融合的问题

作为一项创新型技术,我们将如何解决它与现有货币金融体系在线下的摩擦呢?

第一,金融机构采用比特币区块链,可能会面临复杂的法律和合规问题。比特币区块链的去中心化结构意味着它没有一个正式的组织或官方机构来操作,也没有任何实体或组织的法律约束。这在金融机构看来,存在潜在的重大风险。

现有的中心化金融市场基础设施,至少明确了是由谁来管理和维护的，一旦出现风险，也有责任人。金融市场基础设施的功能维护是非常重要的，若没有一个部门来专门落实这个区块链的责任，他们认为是有很大风险的。

第二，每年10%左右的通货膨胀率大大增加了比特币金融生态的成本，甚至可能威胁到它的生存。

第三，作为去中心化自组织系统，记账和发行功能部分运行成本过高。区块链需要针对具体的问题制定出合适的解决方案，也并非易事。

还有一些问题困扰着比特币区块链的生态系统，包括欺诈服务、不可靠的交易和缺乏安全保障等，但是，区块链存在的问题更多是成长的烦恼，是发展中的问题。随着人们对区块链技术优势的认识越来越深刻，越来越多的资本、人才等资源正在源源不断地投入相关技术的研究中，相信区块链上述技术缺陷的解决只是时间问题。

5. 区块链不是代币

区块链无疑是一项伟大的技术，为什么这么说呢？

P2P 传输机制实现了人与人之间的直联、同步和协作，分布式数据存储突破了中心服务器对数据和信息的垄断控制，对加密算法的深度运用同时满足了信息安全和隐私保护等多重需求，共识机制则意味着在陌生人之间轻易就能实现平权、开放和信任。

由此，区块链技术一扫困扰当今互联网技术的各种痛点，甚至还有可能一举打破各种界域和体制形成的壁垒。总之，区块链被认为是互联网时代一次真正意义上的技术质变，它自身似乎也完全具备这样的特质。

但是，在很多人眼里，区块链被当成是一种"币"，一种已经被许多国家禁止发行流通的虚拟数字货币。

中本聪发明比特币的时候，出发点就是要挑战法定货币体系，是一种去中心化的；而区块链仅是作为比特币的底层技术而被开发，所以这项技术从一出世就被当成了"币"，人们只看到一种新型货币的光芒和巨大的财富预期，技术本身的价值反而被忽略了。

事实上，区块链是一项全新的互联网技术，"币"并不是这项技术的固有属性，而是出于人为目的和利益考量，将技术刻意进行拟制化的结果，区块链技术本身完全可以不涉及"币"。

以比特币为开端，数字货币在 2009 年横扫世界。

如果把数字货币的发展进程看成是一场游戏，那么，比特币只不过是开启了游戏的按钮。中本聪可能根本没有想到，比特币竟然以投机炒作的方式进入了人们的视野。截至目前，中国是数字货币交易第一大国，全年交易量占到了全球交易总量的 70%。随着数字货币市场逐渐冷静下来，人们也开始以更加理性的态度来认识并实践数字货币，各国央行从不认可比特币到打算尝试数字货币无疑就是最好的证明。

区块链是货币金融的重大创新。作为数字货币的分布式账本，区块链有效解决了数字货币的"双花"问题，为数字货币的健康发展奠定了坚实基础，意味着互联网时代超主权货币的探索取得了初步成效。

对货币金融的发展，区块链有着非常重要的意义。

第一，区块链有助于构建去信任的货币金融新体系。基于各类区块链技术，数字货币可以由各国央行发行，也可以没有任何发行主体，这有助于逐步建立网络空间上的超主权货币，促进国际间经贸交流与合作。区块链将可能成为"信用机器"，这有助于探索建立全球一体化的、去中心化的、去信用的货币金融新体系，重建全球金融新秩序。

第二，区块链有助于破解货币金融发展的诸多难题。由于区块总量确定，所以数字货币的总量也是固定的，这从根本上消除了数字货币溢发导致通货膨胀的可能。社群数字"币"强制设定总量和发行速度的特点，使得早期持有者可以因为社区的扩大、持有人数的增多、社群内经济活动的增加，而得到越来越大的利益，这一经济学上的特点，使得数字货币又具有了类似股权的优点，使得社群形成一致的价值预期，产生了共同的、内生的经济动力。相比于黄金，数字货币又具有无限可分、可复制的特点。比特币的最小分割单位叫作 1 聪，它等于一亿分之一个比特币。虽然总共有 2 100 万个比特币，但其分割出的体量也远远大于 2014 年全世界 GDP 的 7.8 万亿美元。

第三，区块链保证了数字货币交易的安全、透明。交易过程需要网络中的各个节点的认可，因此数字货币的交易过程足够安全。货币交易的账务管理完全透明，每笔交易都能在区块链上查到。比特币的相对匿名性、去中心化、开放源码的特点，分散了法律风险和责任，使得整个经济系统具有顽强的生命力。尽管比特币交易效率较低，但基于区块链的跨境交易，却显示出比现有体系更高效率和更低成本的优势。

这一价值转移能力上的根本性变革（在货币、资产、股票、契约等各方面）已然吸引了全球金融界的关注。银行家们已经不再置疑区块链是否会产生业务影响，而是急速转变立场，关心这一影响将会如何发生、何时到来、如何应对。

6. 主权货币更不能脱离中心化

中央银行是国家最高的货币金融管理组织机构，在各国金融体系中居于主导地位。国家赋予其制定和执行货币政策，对国民经济进行宏观调控，对其他金融机构乃至金融业进行监督管理的权限。商品经济的迅速发展、经济危机的频繁发生、银行信用的普遍化和集中化，为中央银行的产生既奠定了经济基础，又提供了客观要求。

以美联储为例。美联储是"美国联邦储备委员会"的简称，其职能实际上就是"美国中央银行"。美联储成立于1913年，由全美12个地区的联邦储备银行组成。联邦公开市场委员会是它的货币政策决策机构，每年在华盛顿召开8次议息会议，决定货币政策的调整方向。美联储负责制定美国的货币政策，包括规定存款准备金率、批准贴现率、对12家联邦银行和其他会员银行及持股公司进行管理与监督。其中，有四个基础政策工具：贴现率、公开市场操作、金融监管和调准备金率。

美联储在货币金融政策上有独立的决定权，直接向国会负责。一般来说，美联储的货币发行是这样的：首先，美国政府通

过预算案发行国债；其次，政府将发行的国债抵押给美联储；最后，美联储以收到的国债抵押数额发行货币——美元。

为了降低市场利率、刺激经济增长，2008—2013年，美国实施了四轮量化宽松政策，货币超发、美元泛滥，导致了美元的贬值与全球主要货币汇率的升值。汇率的剧烈波动加剧了全球贸易的不平衡，又进一步加大了全球经济的不平衡。2013年，美联储启动了量化宽松政策退出的按钮，并于2015年年底进入加息周期。美联储加息无疑将对包括中国在内的新兴经济体的资本流动和币值稳定构成压力。美联储一次次加息就如一柄柄"达摩克利斯之剑"，悬于全球金融市场之上，所以世界各国都时刻关注着美联储的加息情况。

如今随着互联网、云计算、区块链等技术的发展，全球范围内支付方式也在发生着巨大的变化，数字货币的崛起对中央银行的货币发行和货币政策都带来了新的机遇和挑战。目前全世界发行了若干种数字货币，其中最著名的就是比特币。

以欧洲为例，2015年，数字货币在该地区的交易额超过10亿欧元，总量虽然不大，但是来势汹汹。基于此，国际货币基金组织和各国金融监管机构，对数字货币及其依托的区块链技术开展了一系列的研究，并积累了一些重要的成果和实践经验。

比特币的崛起使得世界各地的央行行长们开始研究发行数字货币的可能性。然而，到目前为止，还没有哪家中央银行愿意发行法定货币的数字化版本。比特币的出现，带来便捷同时暗藏危险，有突破但是也带来了混乱。

那么，世界各国央行对待比特币的态度又是怎样的呢？

世界各国央行高度关注数字货币的发展，有些国家积极推进本国数字货币发行，有些国家审慎研究数字货币可能带来的影响，有些国家开始在一些区域进行试点。

总体来说，各国央行都在积极研究、跟踪和推进数字货币的发展。

美联储审慎研究数字货币。加州在 2014 年就率先计划让比特币及其他数字货币合法化，之后美联储也审慎推进数字货币发展。2014 年年底，美联储发布了一份改善支付系统的白皮书，提到要研究一种加密货币。美联储在白皮书中称："比特币技术目前还不够成熟，但是我们有兴趣进一步探索该市场。"白皮书透露，和比特币一样，该加密货币将利用互联网的分布式架构的优势来降低直接通信的成本。但又不同于比特币，美联储的对象将仅限于金融机构，而非个人用户。此外，比特币依赖于区块链技术，但美联储的项目所依赖的是一个中央总账系统和中央当局机关。

英国央行是全球范围对区块链技术兴趣最高的央行之一。在 2016 年 1 月发布的题为《分布式账本技术：超越区块链》的政府报告中，英国央行提到，正在探索分布式账本技术，并且分析区块链在传统金融业中应用的潜力。同时，英国央行已组建了区块链技术研究团队，设立了一个银行研究计划（OBRI），致力研究

新的数字或电子资金以及各种新的支付方法、金融媒介对银行现有结算系统的影响，其中包括分布式账本技术（Distributed Ledger Technology，简称 DLT）。英国央行希望能抢占区块链技术发展的先机，重新夺回国际金融中心的地位。

位于东加勒比海的岛国巴巴多斯是最先发行数字货币的国家。在巴巴多斯央行的支持下，2016 年 2 月，一家初创公司 Bit 发行了基于区块链的数字货币巴巴多斯元，旨在刺激巴巴多斯国内的银行储蓄。Bit 的巴巴多斯元可以作为数字资产使用，并且其价值等同于政府发行的货币。同时，Bit 正寻求在加勒比地区的 15 个国家建立一个更好的金融结算网络。Bit 还计划开发一个 ATM 网网络，以允许用户兑换数字巴巴多斯元和比特币。

德国是首个承认比特币合法货币地位的国家。2013 年，德国政府允许比特币拥有者使用比特币缴纳税金或者用作其他用途。2016 年 3 月 1 日，德国联邦金融监管局（Bafin）公开了一份题为《分布式账本：虚拟货币背后的技术——区块链为例》的内部报告，对分布式分类账本在跨境支付中的使用、银行之间转账和交易数据的存储等领域的潜在应用进行了探讨。报告认为，增加或者全面部署分布式账本技术对金融产业造成的影响现在还不能够确定。不过，区块链具有为金融市场建立一个新标准的潜力。德国联邦金融监管局也提醒，需要注意区块链技术在应用中可能会出现的风险，呼吁世界各国其他的监管机构对区块链进行更加严格的监管。

中国人民银行也积极研究和探索数字货币及区块链技术。中国人民银行从 2014 年起就成立了专门的研究团队，并于 2015 年年初进一步充实力量，对数字货币发行和业务运行框架、数字货币的关键技术、数字货币发行流通环境、数字货币面临的法律问题、数字货币对经济金融体系的影响、法定数字货币与私人发行数字货币的关系、国际上数字货币的发行经验等进行了深入研究，并已取得了阶段性的成果。

央行认为，区块链技术是一项可选的技术，但是到目前为止，区块链占用资源还是太多，不管是计算资源还是存储资源，应对不了现在的交易规模。

国际货币基金组织（IMF）在 2016 年 1 月 20 日发布的一篇题为《虚拟货币与超越：初步探讨》的研究报告中认为，虚拟货币在支付和价值转移方面，特别是跨境支付和价值转移方面，有着非常大的潜力，它能够在推动普惠金融发展方面发挥作用。其背后的区块链技术所引发的变革将远远超过虚拟货币本身。

不过，世界各国政府还很难对上述技术达成一个清晰的、一致的定义，主要是因为区块链技术的去中心化性质很难符合传统监管模式。

7. "区块链之母"比特币，实际效用接近零

传统经济学建立在这样一种假设的基础之上：任何资源都是稀缺的。比如，你的房子或者汽车之类的东西永远是稀缺的。因为这些东西看得见、摸得着，会受物理定律约束，所以必然是稀缺的，不可能无限生产。

但倘若拓宽资产范畴，将虚拟资产也纳入进来，如创意、IP、情怀等，如果这些资产将来成为人们资产中的很大一部分的话，它们哪还有什么稀缺性呢？

例如，人们向微信提交的那些信息，可以形成自己的虚拟资产，每个人的朋友圈将来都可能非常值钱，其中可以形成大量智能合约。这些智能合约一旦被区块链确权，未来财富创造的模式会大大改变，思想在未来可以直接变现。

未来，数字资产是新的另类资产，是区块链上将来能够确权的那些虚拟资产，包括积分、创意、人脉等，这些资产开始交易以后，消费者和投资者之间的界限就开始模糊了。像阿里巴巴那种交易大爆炸行为,将来可能演变为投资大爆炸。

那么,比特币是怎样成为大家承认的数字资产的呢?

这是有一段历史的。中本聪于 2009 年在线上公布比特币开源程序,那个时候比特币一文不值,可以说是根本就没有人理会。"挖矿"产生的奖励,每 10 分钟产生 50 个比特币,只有中本聪默默无闻地使用自己的便携式计算机"挖矿",每个区块里记一笔账,就是自己奖励自己的 50 个比特币。

第一年中本聪的钱包地址,已经挖到 100 多万的比特币。因为区块链是全网公开的,所以大家都看得见。现在那 100 多万比特币是"定网神针",丝毫不能动。如果哪天这个钱包地址突然有一个比特币动了,那对比特币的价格会造成很大的冲击。

每天有很多"矿机"开着,在耗费了很多电力以维护运行程序从而得到的虚拟币数字,是一种看不见也摸不到的虚拟东西。那么,看不见、摸不到的东西就没有价值吗?互联网和银行卡内的数字也摸不到,但你说看得到,那比特币的数量也是可以看到的。你说银行卡内数字能通过银行变换成现金,那比特币通过交易所也能变换成现金。

那么比特币的具体价值何在呢?

在于一种安全储藏财富手段,在于一种安全、快捷、跨国际的支付系统,能提供支付服务。不是只有看得见、摸得到的实物商品才有价值,能给你提供理发、看电影等的服务也有价值,而

比特币提供的是支付服务的价值。那么它的价值到底有多少呢？

其实，比特币本来不值钱，它之所以能够具备价值，原因有二：

一是由于大量的交易，慢慢成了另类资产。大量的交易，使它真正符合交易大爆炸现象，而我们很难想象比特币交易量之大。中国像Okcoin这样的一些平台，比特币每天的交易量能达到几百万个，假如将交易量换算成人民币，那将是非常可观的数值。

二是价值流通。因为比特币的存在便于人们在全球活动，这如同发E-mail，可以随我们假定的目的地随时移动，再没有中间环节。对比特币的投资，应抱以长期投资的态度，将比特币作为一种资产配置认真对待。

比特币的价值潜力在算力安全确保和公众信任的前提下，会随着用户量的增加而呈正比例增长。了解比特币的人数在激速增多，就会明白为什么前期买的人会赚，是因其价值暴增。注意这个用户量，应该是真正的用户，是不包括只想投机炒币的"接盘侠"的。比特币的短线交易类似股票交易，是有风险的，且比股票的交易风险还要大，"投机"需谨慎。但从长期投资来看，随着用户的增多、价值的增长，长期持有还是很有希望增值的。

chapter
FIVE

第五章

链接未来：迎接区块链与数字资产的新时代

数字资产是看不见、摸不着的资产，是需要更高级的技术进行确权的资产，而区块链就是这种更高级的技术。区块链的去中心化、分布式、可信任、不能做假、数据处理能力强等优点，都远远超过依靠银行服务器、房管中心等中心化的记账方式，区块链能够比当今中心化的机构更好地支持和服务数字资产的确权。

1. 触及金融服务市场的痛点

"互联网金融"已经不再是一个陌生的词汇了。但是对于互联网金融我们又理解多少呢？互联网金融包含哪些模式呢？以众筹为代表的互联网融资，之所以能获得全民的追捧，说明了众筹商业模式内含有颠覆传统渠道的禀赋。作为新融资的商业模式，这种颠覆为何能发生，如何发生，又给每个人带来了怎样的机会与变化呢？

互联网金融，是互联网技术与金融的有机结合，是依托大数据、云计算在开放的互联网平台上形成的功能化金融业态及其服务体系。比如众筹、P2P、移动支付等，是传统金融机构与互联网企业利用互联网技术和信息通信技术实现融资、支付、投资和信息中介服务的新型金融业务模式。

互联网与金融的深度融合是大势所趋，将对金融产品、业务、组织和服务等方面产生更加深刻的影响。

（1）互联网金融潮起，金融架构发生深刻变革

中国的互联网金融发展历程，要远远落后于西方发达国家。

我国的互联网金融大概经历了三个发展阶段：第一阶段（1990—2005年），这个阶段是传统金融行业的互联网化阶段；第二阶段（2006—2011年），这个阶段是第三方支付蓬勃发展的阶段；第三阶段（2012至今），这个阶段是互联网实质性金融业务发展的阶段。

中国的互联网金融发展的三个阶段，互联网金融呈现出多种多样的业务模式和运营机制。

当前"互联网+金融"的结构，由传统金融机构和非金融机构组成。传统金融机构主要为传统金融业务的互联网创新以及电商化创新、APP软件等；非金融机构则主要是指利用互联网技术进行金融运作的电商企业、P2P模式的网络借贷平台、众筹模式的网络投资平台、挖财类（模式）的手机理财APP（理财宝类），以及第三方支付平台等。

中国的互联网金融改革是举世瞩目的大事，尤其是在利率市场化和汇率市场化方面。中国的金融改革，正值互联网金融潮起之时，在传统金融和互联网金融的推动下，中国的金融效率、交易结构、金融构架都将发生深刻的变革。

中国的互联网金融发展，主要是监管套利造成的。一方面，互联网金融公司没有资本的要求，也不需要接受央行的监管，这是本质原因；从技术角度来说，互联网金融虽然具有自身优势，但是要考虑合规和风险管理（风控）的问题。

近年来，政府不断出台财税、金融改革政策，以扶持中小微

企业的发展，占中国企业总数 98%以上的中小微企业对于中国经济发展的重要性可见一斑；而互联网金融这种轻应用、碎片化、即时性理财属性，相比于传统的金融机构和融资渠道而言，更容易受到企业主们的青睐，也更符合其发展模式和刚性需求。

（2）互联网金融六大特性

互联网金融作为新兴事物，由于其发展速度较快，制造了一些"眼球效应"。

如今，互联网金融成为举世关注的焦点，支付宝、微信支付等新的支付手段，方便快捷，是否会取代银行卡的位置呢？这些新的互联网金融工具是否会替代传统金融企业所扮演的角色呢？

但互联网金融的交易规模相对较小，短期内不会动摇商业银行的传统经营模式和盈利方式。传统商业银行的公众信誉度较高，资本实力雄厚，基础设施完善，物理网点分布广泛，具有受法律认可的准备金制度，接受充分严格的监管，已经建立起了看得见、摸得着的信任。

此外，一些金融业务需要专业人士的经验和判断，信息技术无法完全替代。从这个意义上来说，当前的互联网金融更像是对传统商业银行的补充，不仅提高了传统金融的效率，更扩大了服务范围。

互联网金融与传统金融相比，具有以下六大特点：

第一，风险大。一是信用风险大。目前我国信用体系尚不完善，互联网金融的相关法律还有待配套，互联网金融违约成本较低，容易诱发恶意骗贷、卷款"跑路"等风险问题，特别是P2P网贷平台，由于准入门槛低，缺乏监管，成为不法分子从事非法集资和诈骗等犯罪活动的温床。我国的P2P网贷平台，比如淘金贷、优易网、安泰卓越等先后曝出"跑路"事件。二是网络安全风险大。目前，我国互联网安全问题突出，网络金融犯罪问题不容忽视。一旦遭遇黑客攻击，互联网金融的正常运作将会受到影响，危及消费者的资金安全和个人信息安全。

第二，成本低。互联网金融模式下，资金供求双方可以通过网络平台自行完成信息甄别、匹配、定价和交易，无传统中介、无交易成本、无垄断利润。一方面，金融机构可以避免开设营业网点的资金投入和运营成本；另一方面，消费者可以在开放透明的平台上快速找到适合自己的金融产品，削弱了信息不对称的程度，更省时省力。

第三，管理弱。一是风控弱。互联网金融目前还没有接入人民银行征信系统，也不存在信用信息共享机制，不具备类似银行的风控、合规和清收机制，容易发生各类风险问题，目前已有众贷网、网赢天下等P2P网贷平台宣布破产或停止服务。二是监管弱。互联网金融在我国处于起步阶段，目前还没有明确的监管和法律约束，缺乏准入门槛和行业规范，整个行业面临诸多政策和法律风险。

第四，效率高。互联网金融业务主要由计算机处理，操作流

程完全标准化，客户不需要排队等候，业务处理速度更快，用户体验更好。如阿里小贷依托电商积累的信用数据库，经过数据挖掘和分析，引入风险分析和资信调查模型，商户从申请贷款到发放贷款只需要几秒钟，日均可以完成贷款1万笔，成为真正的"信贷工厂"。

第五，发展快。近年来，依托于大数据和电子商务的发展，互联网金融快速增长。以余额宝为例，余额宝上线18天，累计用户数达到250多万户，累计转入资金达到66亿元。据报道，目前余额宝规模近500亿元，上线至今以日均5亿元的速度增长，已成为规模最大的公募基金。

第六，覆盖广。互联网金融模式下，客户能够突破时间和地域的约束，在互联网上寻找需要的金融资源，金融服务更直接，客户基础更广泛。此外，互联网金融的客户以小微企业为主，覆盖了部分传统金融业的金融服务盲区，有利于提升资源配置效率，促进实体经济发展。

2. 信用是金融活动的根基

在互联网上，可以快速地将信息复制、粘贴到任何一个地方，可以实现信息的高速传播，但无法实现价值转移。

那么，什么是价值转移呢？

简单地说，我们要将某一部分价值从 A 地址转移到 B 地址，那么，就需要 A 地址明确地减少这部分价值，B 地址明确地增加这部分价值。这个操作必须同时得到 A 和 B 的认可，结果还不能受到 A 和 B 任何一方的操控，目前的互联网协议是不能支持这个动作的，因此，价值转移需要第三方背书。

例如，在互联网上 A 的钱转移到 B，往往需要第三方机构（网银、支付宝等）的信用背书，而区块链是指分布式数据存储、点对点传输、共识机制、加密算法等一些基础性计算机技术的集合。利用这种技术，人们无须可信第三方就能完成信息交换，还能确保所交换信息的完整性。

2017 年 6 月 28 日，在辽宁大连举办的夏季达沃斯论坛上，世界经济论坛发布了《实现区块链的潜力的白皮书》。这份长达

46 页的英文 PDF 报告指出，区块链技术能够催生新的机会，促进社会价值的创造与交易，使互联网从信息互联网向价值互联网转变。

有专家认为，区块链可以被称为继 PC、互联网、社交网络、智能手机之后的第五次计算机革命。它有两个特性不容忽视：一是去中心化，在人与人、点与点、端与端不认识的时候，通过区块链技术可以建立信任，节约成本，提高效率；二是区块链不会被伪造，信息高度透明，而且可溯源。

例如，以前人们要登记自己的资产如房产，需要到房产部门去，即使是通过网络房产中介交易，一些关键步骤也需要在线下进行，还需要第三方机构做信用背书。然而，随着区块链技术的应用，资产可以在互联网上以数字形式存在，并可以安全有效、低成本地进行交易转移，不必再担心出现一房多卖、金融欺诈等行为。

互联网的出现可以做很多事，包括网购、众筹、金融活动、慈善（例如轻松筹）等，但每一件事背后都会出现不和谐的声音，主要就是信任的问题；而区块链技术是加密的，是透明的，是公开的。它把每一笔数据，每一笔转进去的钱加密，每一笔钱都有独特的标识，可以溯源，这就给慈善事业带来了公信力。

例如，蚂蚁金服已经开始将区块链技术应用在公益项目，让每一笔公益捐款"从哪里来，到哪里去"的整个流程都记录清楚。区块链可以降低信用的成本，让价值可以在互联网上更高效地实现转移。

第五章 链接未来：迎接区块链与数字资产的新时代

互联网上无法进行价值转移，还存在另一个问题——双重支付的问题，即"双花"问题。

举个简单的例子：

我们可以把一封邮件、一张照片、一份文件等在互联网上传输给任何一个人，对方可以收到，但是这些文件在我们自己的账号里依然存在，除非自己主动销毁，否则是不会消失的。互联网可以用来传递信息，却无法传递价值，因为传递价值需要确切地让价值从 A 的账户转移到 B 的账户，它不能同时存在于两个人的账户中，否则就会形成"双重支付的问题"。

传统解决这个问题的方法是采用一个中心化的机构（如银行、支付宝等）来进行清算。区块链可以通过给一个数字货币加上不可更改的时间戳，来避免重复花费，同时区块链是开放式的，所有的交易都是公开的，追踪十分容易。

区块链通过技术手段解决了"双花"问题，不需要借助中心化机构来进行清算，在区块链系统内可以直接进行价值转移。

在信息互联网时代有一个很大的特征，就是所有的信息停留于最末端的营销，并没有深入产业中去。但是有了区块链，进入价值互联网时代，那么，各种信息和数据就可以运用到行业中去，用技术的手段，让各个行业真正互联，这当中的价值和潜力是难以估计的。

3. 区块链技术驱动金融创新

近年来，对区块链的探讨逐渐从其 1.0 版本过渡到 2.0 甚至是 3.0 版本，关注的焦点也从最初的比特币等数字货币层面逐渐转向其背后的区块链技术以及区块链技术在金融领域和其他更为广阔领域的应用。

从区块链技术在金融领域的应用来看，英国的《经济学人》杂志曾指出，将货币属性淡化的新区块链正在催生，在短期内，区块链技术更可能被用于金融服务。当前，包括纳斯达克、花旗、高盛、德勤等在内的众多知名金融机构及互联网企业都在研究和尝试将区块链技术应用在金融领域。

在股权交易方面，纳斯达克已经与一家名为 Chain 的区块链技术公司合作，致力于建立一个交易私募股权的加密数字市场，为那些在公开上市融资前的公司提供一种更好的股权管理方式，从而减少对电子表格、纸质凭证等低效、传统方法的使用。

2015 年 12 月 30 日，纳斯达克利用区块链技术完成了第一笔证券交易，在不需要任何第三方中介或者清算所的情况下把股票发行给了一名私人投资者。

在清算结算方面，传统的清算结算体系是中心化的，通常需要较长的时间和较高的交易费用。区块链通过分布式数字登记，自动化清算结算流程，可以提高效率，降低成本。

美国知名的电子零售巨头 Overstock 已于 2015 年 8 月通过区块链平台发布以加密货币为基础的"数字企业证券"，以此实现证券的线上交易。目前，通过现有的系统（全美证券托管清算银行）需要至少 3 天的时间，而通过区块链平台，结算和清算时间被缩短为 10 分钟。

商业银行并没有按兵不动，也积极加入区块链技术的研究和应用行列中，具有代表性的就是 R3CEV 区块链联盟，它致力于区块链行业标准的制定以及区块链在金融领域的开发应用。

这一联盟于 2015 年 9 月成立，最初只有 9 家金融机构加入，发展到今日，全球加盟的金融机构已经超过 40 家，包括高盛、花旗银行、摩根大通、德意志银行、瑞士银行、法国巴黎银行等众多世界知名银行，中国平安也作为第一家中资银行加入了 R3CEV 区块链联盟。目前，R3CEV 致力于研究包括系统互操作性、支付、结算、贸易金融、企业债券回购、互换和保险等至少 8 种概念验证，以此来展示区块链技术能够简化交易并使监管更加容易。

根据西班牙桑坦德（Santander）银行估计，到 2022 年，区块链技术每年可能为银行业省去高达 200 亿美元的中间费用。

区块链技术除了在支付、转账、清算、结算、金融交易等方面发挥作用外，其"去信任"、信息不易篡改的特点也使其在审计上大有作为。

世界四大会计师事务所之一的德勤早在 2014 年便成立了区块链的研发团队，并推出了区块链平台 Rubix，用于审计等服务。德勤的首席咨询官曾表示，区块链的"时间戳"功能使其具有不可逆性，并且需要审核的公司的交易全部记录在区块链上，因此对公司的审核将变得容易，这将使审计更加透明、快速、廉价。

在数字资产管理中，资产将被数字化并在区块链上进行记录和保管，这将避免由于登记不详或记录丢失带来的问题。例如，区块链技术可能在房地产登记领域大显身手。英国《经济学人》杂志曾举例：

洪都拉斯警方时隔 30 年才发现，房屋的居住人不是房屋的主人，由此可见，房地产权属管理并不容易。目前一家名为 Facton 的美国公司正使用区块链技术帮助洪都拉斯财产登记机构进行改革。

在区块链 2.0 版本中，智能合约极具前景和潜力。当智能合约提交到区块链上，就将按照合约条件在交易各方之间独立执行，并具有强制性。目前具有代表性的支持智能合约的平台有以太坊和 RSK，以太坊是独立的区块链平台，RSK 是基于比特币区块链侧链的平台。这类平台允许开发人员进行编程，允许交易双方自行设定交易规则和条件，把传统的合约转化为区块链上的

第五章 链接未来：迎接区块链与数字资产的新时代

智能合约，并通过自动化解决传统合同产生纠纷等问题。

在区块链 3.0 版本中，区块链将运用于除金融领域外的其他更为广阔的领域。例如在医疗行业，一个具有代表性的例子是，飞利浦医疗可能通过区块链技术进行病历资料认证或者隐私保护。

IBM 的一份题为《设备民主》的报告认为，由于物联网中存在海量的联网设备，因此对设备进行集中跟踪和管理将变得不可能，并且这些设备容易遭受黑客的攻击，而区块链技术提供了一个很好的解决方案，可以解决节点之间的信任问题。这份报告还畅想到：区块链能够让设备实现自我管理，并促进设备之间的交互协作，从而形成一个"去中心化的自治物联网"，从而实现数字世界的民主。

从 2015 年下半年开始，区块链技术在国内同样受到高度的关注，一些基于区块链技术的应用和项目大量涌现。中国版的 R3 金融区块链合作联盟于 2016 年 5 月 31 日正式成立，由包括银行、证券、保险等金融机构和科技企业在内的 25 个成员共同发起，旨在形成国内区块链行业标准，实现区块链技术和应用的落地。此外，国内目前的区块链技术应用平台包括 Asch 和小蚁等。

通过前文对区块链行业应用情况的梳理不难发现：首先，区块链作为一项新的技术，受到了广泛的关注，运用区块链进行创新的热情高涨；其次，区块链技术的应用比较广泛，从金融到政

府、健康、科技、艺术、文化等领域；再次，基于区块链技术的许多应用场景处于构想阶段，需要理论和实践的检验，真正落地和创造价值仍面临诸多问题和挑战。

4. 区块链最好的一个应用——资产证券化

资产证券化，是以基础资产未来所产生的现金流为偿付支持，通过结构化设计进行信用增级，在此基础上发行资产支持证券的过程。它是以特定资产组合或特定现金流为支持，发行可交易证券的一种融资形式。

资产证券化起源于1970年美国的政府国民抵押协会，首次发行以抵押贷款组合为基础资产的抵押支持证券——房贷转付证券。完成首笔资产证券化交易以来，资产证券化逐渐成为一种被广泛采用的金融创新工具，从而得到迅猛发展，在此基础上，现在又衍生出如风险证券化产品。

广义的资产证券化，是指某一资产或资产组合采取证券资产这一价值形态的资产运营方式，它包括以下四类：

其一，实体资产证券化。实体资产向证券资产的转换，是以实物资产和无形资产为基础发行证券并上市的过程。

其二，信贷资产证券化。将一组流动性较差的信贷资产，如

银行的贷款、企业的应收账款，经过重组形成资产池，使这组资产所产生的现金流收益比较稳定并且预计今后仍将稳定，再配以相应的信用担保，在此基础上把这组资产所产生的未来现金流的收益权转变为可以在金融市场上流动、信用等级较高的债券型证券进行发行的过程。

其三，证券资产证券化。证券资产的再证券化过程，就是将证券或证券组合作为基础资产，再以其产生的现金流或与现金流相关的变量为基础发行证券。

其四，现金资产证券化。现金的持有者通过投资将现金转化成证券的过程。

狭义的资产证券化，是指信贷资产证券化。

按照被证券化资产种类的不同，信贷资产证券化可分为住房抵押贷款支持的证券化和资产支持的证券化。

资产证券化的流程：发起人将证券化资产出售给一家特殊目的机构（Special Purpose Vehicle，简称SPV），或者由SPV主动购买可证券化的资产，然后SPV将这些资产汇集成资产池(Assets Pool)，再以该资产池所产生的现金流为支撑在金融市场上发行有价证券融资，最后用资产池产生的现金流来清偿所发行的有价证券。

下面举例来简单通俗地了解一下资产证券化：

A：在未来能够产生现金流的资产；

B：上述资产的原始所有者；

C：枢纽（受托机构）SPV；

D：投资者。

资产证券化的过程：

B 把 A 转移给 C，C 以证券的方式销售给 D。

B 低成本地（不用付息）拿到了现金；D 在购买以后可能会获得投资回报；C 获得了能产生可见现金流的优质资产。

投资者 D 之所以可能获得收益，是因为 A 不是"垃圾"，而是被认定为在将来的日子里能够稳妥地变成钱的好东西。

SPV 是个中枢，主要是负责持有 A 并实现 A 与破产等麻烦隔离开来，并为投资者的利益说话做事。

SPV 进行资产组合，不同的 A 在信用评级或增级的基础上进行改良、组合、调整。目的是吸引投资者，并最终发行证券。

在过去，有很多资产已经成功进行了资产证券化，例如应收账款、汽车贷款等，出现了更多类型的资产，例如电影特许权使用费、电费应收款单、健康会所会员资格等，这些资产共同的特征是：必须能产生可预见的现金流。

从区块链的特性及实践应用来看，债权类资产是区块链最适

合的资产支持证券（ABS）领域，未来区块链技术有望广泛应用于各类债权类资产的 ABS 项目中，如贷款类债权、保理融资债权、企业债权、应收账款债权、租赁债权等。

5. 区块链技术的落地应用——Zebra 项目

以比特币为代表的数字资产为我们打开了新世界的大门，向我们证明了区块链技术的价值和内在的潜力。一些非常有潜力的基于区块链技术的项目开始落地开花。

数字货币发展到今天已经形成了完整的产业链。上游产业链有"挖矿"，中游产业链包括交易平台、信息媒体和钱包等，下游产业链有支付、理财等环节。

英国的剑桥大学在 2017 年推出了一份共计 114 页的全面数字货币研究报告：在"挖矿"这个环节，2014 年全球矿业总收入为 7.86 亿美元，而 2016 年仅为 5.63 亿美元，这显示"采矿"难度在不断增加。e 钱包的种类也越来越多，移动钱包应用程序是最普遍的，65%的用户都在使用；而在交易这一块，欧洲的交易所数量最多，其次是亚太地区。

可见，数字货币产业依然繁荣。总的来说，美元是最广泛运用的兑换货币，65%的交易所中都有使用。欧元以 49%的比率位

居第二。研究显示，活跃的钱包数量估计在 580 万到 1 150 万个之间。在活跃的钱包使用中，只有 32%的人使用封闭的源代码软件，而另外 68%的人都是开放源码，移动钱包应用程序是最普遍的。65%的用户都在使用。

下面我们来看一个区块链技术落地应用的项目——Zebra。

Zebra 以斑马命名，创始团队美国瑞波金融集团有限公司（USA Ruiwavekin Group Co.,Ltd.）已成为区块链领域的黑马。

Zebra 主要运用于全球文物、艺术品市场，由美国瑞波金融集团有限公司发行，国际知名基金管理有限公司进行市值管理。2018 年 Zebra 交由美国华尔街交易所和新加坡 NXX 交易所联合托管。

Zebra 总发行量是 23 亿枚，市场流通量为 6.9 亿枚，相比全球文物、艺术品千万亿元的体量，Zebra 因稀缺而产生增值的空间巨大。

2018 年 4 月，Zebra 与中国艺术品鉴定协会等机构形成战略合作体，积极推动全球文物、艺术品产业的发展。

Zebra 采取权益证明机制，每年恒定 Token 预先生成后，以前置 Token 权益拉动消费，以后置 Token 升值预期驱动消费。顾客只要在社区对接的实体企业有真实消费行为，即可由该企业赠出一定数额的 Zebra，顾客使用区块链钱包积攒、储存 Zebra，在联盟商圈内使用，也可在国际大盘按规则交易，从而大幅增加自己的消费福利值。

这符合笔者在《福商》中提出的消费福利化主张原理，即鼓励忠实消费，福利拉动消费。福利的兑换途径丰富多样，既可以数字资产即时抵价换购所需商品或服务，也可在国际上获得额外的收益，而这一切都是理性且可预期的，这都是合法且可持续的。

这也为国际区块链项目在中国实体企业的应用提供了一个成功范本：Zebra 等代币功能在中国国内被无限弱化，以便适应中国法律；而中国消费者借助 Zebra 等区块链项目，其在国际布局中借助消费话语权，发出中国声音，体现中国元素，增加中国财富。

6. 区块链来实现去"中心化"

在中心化的体系中，授权机制是一种信任机制，即默认管理人都是尽责和完善的。然而，比特币采用的是彻底非信任机制，其中每一个节点都是平等的，在足够多的节点确认账本交易之后便产生了比特币系统自身的信用价值，从而解决了"双花"问题。比特币的非信任机制正是去中心化思想的体现。

在非信任机制中，博弈是非常重要且必要的。比特币通过"挖矿"、PoW 机制来激励"矿工"维护系统和记录交易，通过开源社区的方式来监督并规范开发者的开发更新，通过自愿交易手续费的方式让用户更有效地使用比特币平台。

"去中心化"容易被大家误解为就是节点的分散、数据的分散、矿工的分散、开发者的分散，而比特币创始人中本聪是反对"一 IP 一票制"的，因为每位"矿工"的电脑都贡献为一个全节点，相当于网络节点的所有 IP 都拥有相等的权力。那么，那些拥有分配大量 IP 地址权力的人，如僵尸网络就可能主宰比特币网络。因此，比特币最后出现的是"一 CPU 一票"，实际上是说一个计算单位代表着一个权力单位，拥有的计算力更高即意味着更高的权力。这是 PoW 机制中"计算即权力"思想的形象化表达。

"去中心化"实际是对过程的描述，而不是状态，可以理解为是一种程序公正，而不是结果的绝对公平。所以，"去中心化"讲的是每个人参与共识的自由度问题，在代码开源、信息对称的前提下参与和决策的自由度，即意味着公平。

"去中心化"并不是什么新词，它其实就是亚当·斯密的那只"看不见的手"——市场的自由竞争。在竞争机制下，算力的集中并不是什么可怕的问题。一方面，由于高昂的计算力成本；另一方面，即使存在不可理喻的"疯子"，如拥有大量算力份额的"矿池"，他们的攻击也不可持续，因为"矿池"的算力并不真正属于他们自己，而且随时面临新加入的算力、新玩家的挑战。算力集中本身就是市场的结果，任何一个开放系统在自由竞争下都会形成专业化分工，这就好比生物有机体的组织分化。专业化的"矿工"、专业化的支付钱包、专业化的区块链数据服务商等，正是区块链去中心化的结果，而不是我们处心积虑要避免的后果。

建立不依赖第三方信任、不可操纵的去中心化的交易机制，是区块链在价值互联体系里的重要特点。

第六章

人工智能时代：区块链如何构建金融信用长城

商业社会发展的基石靠信用，而区块链可以大幅地降低信用的成本。区块链的优势在于：无须中介参与，过程高效透明且成本很低，数据高度安全。区块链结合去中心化、数据加密、分布式存储、共识算法等技术的应用，有效地解决了金融行业在信息传递、支付、安全等方面存在的风险和问题，重塑新金融的业务模式。

1. 信贷圈——大数据下的风险控制

随着互联网金融的迅猛发展，金融欺诈的风险也越来越高，已成为整个互联网金融行业的灾难。大数据金融反欺诈走上历史舞台，并为整个未来新金融的发展保驾护航，它会让"羊毛党"们的黄粱美梦最终破碎。

金融的前提就是信任，俗话说得好，"无信任不金融"。虽然互联网降低了金融的准入门槛，但是信任的门槛并没有降低。金融的发展，是建立在信任基础上的。银行只有先赢得用户的信任，才能开展业务。至于如何获得用户的信任，在自身风险管理的基础上一定要做好。

银行的主要风险是信用风险，其中贷款风险是主要内容。

银行给企业客户贷款之前，需要了解该客户在银行的结算关系和账户流水等。只有企业客户达到一定的条件，银行才会授信放贷，包括客户主动申请贷款与银行主动向客户营销信贷产品。借款人通过贷款银行进行日常结算，银行通过检查账户往来发现一些信息。

第六章 人工智能时代：区块链如何构建金融信用长城

下面我们举例来说明：

某企业客户贷款1 000万元购进100辆汽车，那么客户支付1 000万元之后，正常营业的情况是，后面陆续会有汽车销售收入进账，比如一周进入几十万元，那么通过往来账，银行可以知道客户在销售汽车。如果一个月没有任何进账，那么银行就会很紧张。

另外，借款人缴税、支付水电费等都通过银行代扣代缴，工资通过银行代发。银行通过观察其支付是否中断、是否明显减少等来判断企业经营是否发生重大变故。

那么，我们如何来做好银行信贷风险控制呢？一些互联网公司给出了一个更好的答案：通过互联网信息，运用大数据、数据挖掘、反欺诈计算等，进行批量化操作。

通过大数据技术，从客户成千上万的数据中发掘出客户的风险状况——现金流信息。做好现金流分析，能有效判断80%的风险。当然，客户的社交网络信息，如微信、QQ、微博等，也可以发挥一定的作用，可以作为一种预警信息。

在当今大数据时代下，银行信贷的未来趋势："大数据+机器智能征信"。

随着移动互联网的发展，大数据、云计算以及社交网络的广泛应用，人类进入了全新的大数据信息化时代；而信贷风险控制，更是离不开大数据。

利用大数据进行信贷业务，主要体现在以下四个方面，如图 6-1 所示。

```
1
客户画像
  • 个人客户画像
  • 企业客户画像

运营优化                              精准营销         2
  • 市场和渠道分析     银行大数据    • 实时营销
  • 产品优化                          • 个性化推荐
4 • 舆情分析                           • 客户生命周期管理
                                     • 交叉营销

风险管控
  • 中小企业贷款风险评估
  • 实时欺诈交易识别
  • 反洗钱业务分析                     3
```

图 6-1 利用大数据推广信贷业务

（1）客户画像

客户画像主要分为个人客户画像和企业客户画像。

个人客户画像包括人口统计学特征、消费能力数据、兴趣数据、风险偏好等；企业客户画像包括企业的生产、流通、运营、财务、销售和客户数据，相关产业链上下游等数据。

需要注意的是，由于银行或其他金融机构掌握的客户信息并不全面，所以基于自身数据得出的结果往往是错误的。

比如，某位信用卡用户每周刷卡 10 次，平均每年打 5 次客服电话，却从没有投诉。按照传统数据分析的方法，该客户是一名满意度较高、流失风险较低的客户。

但是，通过他的微博，可以了解到更多信息：信用卡与工资卡不在同一家银行，还款不方便，打过几次客服电话并没有接通，客户多次在微博上抱怨，所以该客户流失风险较高。可见，银行或其他金融机构在进行客户数据分析时，不仅要考虑自身业务所采集到的数据，更要考虑整合外部数据，以扩展对客户的了解。

这些数据包括：

第一，客户在电商网站的交易数据。比如，阿里金融为阿里巴巴用户提供无抵押贷款，用户只凭借过去的消费记录和信用即可。

第二，客户在社交媒体的数据。比如，光大银行建立了社交网络信息数据库。通过打通银行内部数据和外部社会化的数据可以获得更为完整的客户拼图，从而进行更为精准的营销和管理。

第三，企业客户上下产业链数据。如果银行或其他金融机构掌握了某企业客户产业链上下游数据，那么，就可以更好地掌握企业外部环境的变化情况，从而预测企业未来的发展状况。

第四，其他有利于扩展银行或其他金融机构对客户兴趣爱好的数据。比如，网络广告界目前正在兴起的 DMP 数据平台的互联网用户行为数据。

（2）精准营销

在客户画像的基础上，就可以开展有效的精准营销了。包括以下几个方面内容：

第一，实时营销。就是根据客户的实时状态来进行营销。比如，某客户用信用卡购买孕妇产品，从而推测其怀孕的概率并推荐孕妇喜欢的业务；或者将用户生活状态的改变，比如换工作、购房、婚姻状态的改变等视为营销的机会。

第二，个性化推荐。银行及其他金融机构可以根据客户的喜好进行产品和服务的个性化推荐。比如，根据客户的年龄、资产规模、理财偏好等，对客户群体进行精准定位，分析他们各自潜在的金融服务需求，从而有针对性地推荐产品和服务。

第三，客户生命周期管理。包括新客户的获得、客户的流失以及赢回等。比如，招商银行为了构建客户流失预警模型，对流失率前20%的客户发售高收益率的理财产品以进行挽留。

第四，交叉营销。不同的产品和服务进行交叉推荐。比如，招商银行根据客户交易记录分析，有效识别小微企业客户，并用远程银行来实施交叉营销。

（3）风险管控

利用大数据进行风险管控，主要包括以下两个方面内容：

第一，中小企业贷款风险评估。银行及其他金融机构可以通过企业客户的生产、流通、销售、财务等相关信息，结合大数据挖掘方法进行风险评估，量化企业信用额度，再有效发放中小企业贷款。

第二，实时欺诈交易识别和反洗钱业务分析。银行及其他金融机构可以利用持卡人的基本信息、交易记录、客户行为模式（如转账）等，结合智能规则引擎进行实时的交易反欺诈分析。

比如，摩根大通银行利用大数据技术追踪盗取客户账号或侵入自动柜员机（ATM）系统的罪犯；比如 IBM 金融犯罪管理解决方案帮助银行利用大数据有效地预防与管理金融犯罪。

（4）运营优化

运营优化包括以下三个方面的内容：

第一，市场和渠道分析。通过大数据，银行及其他金融机构可以监控不同市场推广渠道，尤其是网络渠道的推广质量，从而优化渠道。同时，也可以分析哪种渠道适合推广哪类金融产品或服务，从而进行渠道推广策略的优化。

第二，产品优化。银行及其他金融机构可以将客户转化为信息流，并分析客户的个性特征与风险偏好，更深层次了解客户的习惯，智能化分析和预测客户的需求，从而推动产品优化。比如，兴业银行根据大数据分析，通过对还款数据挖掘比较区分优质客户，根据客户还款数额的区别，提供差异化的金融产品。

第三，舆情分析。银行及其他金融机构可以通过互联网爬虫

技术，抓取论坛、社区、微博上关于金融产品的相关信息，并通过自然语言处理技术进行正面与负面的判断，尤其是掌握一些负面信息，及时发现，尽早处理。

银行及其他金融机构的信贷业务依靠的是经营信用，大数据的力量尤为关键。在大数据时代，以互联网为代表的现代信息技术，特别是门户网站、社区论坛、微信、微博等新型传播方式的蓬勃发展，搜索引擎、移动支付、云计算等广泛应用，构建了全新的虚拟客户新型体系，并将改变金融的运营模式。

大数据海量化、多样化、传播快等特征，给商业银行等金融机构的市场竞争带来了全新的调整和机遇。大数据时代，智者生存，未来的信贷圈，要从大数据中赢得未来，从风控中获得稳定发展。

第六章 人工智能时代：区块链如何构建金融信用长城

2. "区块链+大数据"破解传统风险控制难题

一直以来，风险控制都是金融领域的一个必不可少的环节。近年来，随着各种科学技术的不断出现，尤其是人工智能技术的出现，使得金融业的发展更加需要一种新兴技术有效把控金融风险，而大数据的出现在一定程度上解决了风控问题。不过，大数据并不是十全十美、能够完全把握风险控制的，因为，当前依然存在着数据孤岛、数据低质和数据泄露等有效性不足方面的问题，也因此引发出了层出不穷的风险事件。

区块链技术的出现和应用，使得大数据和区块链很好地融合，并为风控领域带来创新性机遇。可以说，"区块链+大数据"成为人工智能时代实现破解传统风控的有力武器。

在我国的金融业中，信贷成为主要交易，并且其信贷市场规模在全球范围内位居第一。然而，信贷市场中往往潜藏着巨大的信用风险，因此风险控制在金融领域中起到了至关重要的作用。国家也在大力寻找更好的风控措施。在大数据出现之前，商业银行充当着风控角色，这是当时最适合的风控模式。

传统的风控模式往往是商业银行一直以来所沿用的以程控交换为主的风险管理系统。这种系统的优点是稳定性较强，但是在客户容纳体量方面却是有限的，且具有交易通信指令复杂的缺点，这就使得商业银行不能完全满足当前的投融资的需求，尤其不能满足当前全国 7 000 多万家中小微企业的存贷款需求。

这些需求已经远远超过了传统风控模式的承压范围，并且在欺诈检测和风险监管的系统容量上也已经与传统风控模式不相适用。这种现状下，创新就成为一种必然。

随着数据处理需求的不断增加以及大数据技术的进一步发展，商业银行作为传统金融机构的代表，更是意识到数据资产的重要性，并逐步采用以 IP 网络为主的大数据风险控制系统代替了原有的程控变换系统。这是一种风控系统的创新，同时也体现出了大数据在风控领域中应用的重要性。

2008 年，大数据以平均每天 2 EB（即 2×1 073 741 824 G）的数量不断增长。如此庞大的数据让以蚂蚁金服为代表的互联网金融企业看到了其中所含的巨大价值。这些金融机构开始借助大数据在风控领域进行创新，并且借助互联网平台打造出了诸如"蚂蚁大脑""京东天机"等大数据风控系统。

进入 2013 年，互联网金融更加快速地发展，以 P2P 为代表的互联网金融企业层出不穷。但是，随着 P2P 平台的不断出现，诸如跑路、停业、提现困难等方面的问题也随之而来，并日益凸显。

尽管众多 P2P 平台都在极力宣扬自己的大数据风控系统有多么了不起，然而实际结果往往事与愿违。由此表明，使用大数据进行风控依然存在诸多不足。主要体现在以下几个方面：

（1）大数据无法从根本上解决数据孤岛问题

换句话说，就是没有从根本上解决数据的共享和开放问题。当前的现状是，在短期内，政府、银行、互联网企业、第三方征信公司之间是难以完全实现互联互通的，因此数据孤岛问题依然存在，这样就使得信息不对称、不透明问题严重，并由此引发大量的风险和欺诈行为。

（2）数据低质，影响风控质量

在我们的生活中，有诸多非结构化和半结构化的数据，这些数据的特点就是实用性差，利用价值很低。以电商平台为例，每天电商平台上会产生数量巨大的数据信息，但是电商平台上往往会出现一些不良操作，如刷单等，这就使得产生的数据出现了失真的情况。对于这些数据，其收集和利用的意义和价值将会大打折扣，甚至毫无意义和价值可言。因此，应用在风控问题上，自然也就没有任何风控质量可言了。

（3）数据泄露问题严重

当前数据泄露事件经常出现，虽然政府出台了很多的监管条例，但是诸多不法分子钻法律法规的空子，导致数据泄露问题不

断发生。国家监管力度仍需进一步提升。

区块链作为一个去中心化的分布式数据库的出现，凭借其自身的去中心化、开放自治、匿名不可篡改的数据结构特性获得了全球的广泛关注，基于这些特点，使得应用场景更加广泛，如最初的数字货币、证券交易结算、会计审计等诸多金融领域的应用，以及政府、医疗等公共领域的应用。可以说，区块链打破了大数据难以解决的诸多技术壁垒。更为重要的是，区块链的出现也有效地解决了大数据风控的一些弊端，即大数据没有办法对自己的"身份"即数据源进行澄清，而区块链技术应用与大数据风控体系，可以有效解决大数据的信息孤岛、数据低质、数据泄露等数据源问题。

数据库的信息传递效率和维护成本直接影响大数据风控的有效性。仅仅从数据的层面上来讲，区块链是一个由所有参与者共同记录的信息，并且是由所有参与记录的节点共同存储的且不可篡改的数据库。在这个区块链数据库中，每一个节点都拥有整个数据库的完整副本，并且当某一节点要对数据库的数据进行变更时，是需要向区块链网络广播这些数据的，从而便于其他节点对数据进行验证和审核。只有全网所有的节点都完成共同验证和认可之后，被更改的数据才能被认为是有效的。这样，区块链构建的数据库在大数据风控方面的有效性才能真正提高。

那么我们又将如何来避免"区块链+大数据"的风控弊端呢？

第一，解决数据孤岛问题。区块链具有去中心化、开放性等特点，使得大数据风控的数据孤岛问题得到有效解决，使得信息公开透明地传递到所有金融市场参与者。监管部门作为金融市场中的秩序维护者，可以利用区块链技术中全部数据链条对可能出现的风险问题进行预测和分析，及时发现和预防这些风险问题，从而更好地维护金融市场有序运行。可见，区块链去中心化的特征可以消除大数据风控的信息孤岛，通过信息共享完善风控模式。

我们用下面这个简单的例子进行说明：

客户甲分别向银行A和银行B申请了100万元的房屋抵押贷款，实际上其房屋的价值也就只有100万元。如果银行A和银行B两者都加入了区块链，就可以对客户甲的交易行为和风险系数一目了然，这样就能够有效避免房贷总额超过抵押值。不但如此，监管部门虽不是交易的参与方，但是依然可以加入区块链，对区块链上任何一个节点的交易行为进行实时监控，有效防止风险事件的发生。

第二，改善大数据风控中数据质量不佳的问题。区块链分布式数据库可以改善大数据风控中数据质量不佳的问题，并有效解决数据格式多样化、数据形式碎片化、有效数据缺失和数据内容不完整的问题。

在区块链中，每个节点共同记录和存储交易的数据信息，每个节点都可以参与数据的检查并为数据的"身份"进行验证，这样就保证了数据的真实性。另外，去中心化决定了区块链上的数

据是不可以随意更改的，这样就有效降低了数据更改的可能性。因此，可以说区块链技术使得数据更具公开性、安全性，从源头上提高了数据质量，增强了数据的检验能力。

第三，防范数据泄露。区块链作为一个去中心化的数据库，任何节点对数据的操作都会被其他节点发现，从而有效提升了对数据泄露的监控；并且区块链中的各个节点的关键身份信息是通过私钥的形式才能获得的，而私钥仅仅是信息的拥有者才能知道的。即使是其他信息泄露了，但是如果私钥没有泄露，那么那些被泄露的信息也无法与节点身份进行匹配，这些泄露的信息也就失去了利用价值。黑客发起的来自数据库外部的攻击，只有超过50%的计算力才能攻破区块链锥。

区块链上的节点越多，需要的计算力也就越大，当节点的数量达到一定规模的时候，黑客进行一次攻击的成本之高，完全是得不偿失。这样一来，通过区块链技术对信息存储进行加密，就保证了数据的安全性，防范了大数据风控中可能出现的数据池的问题。因此，"区块链+大数据"是人工智能时代突破大数据风控中存在的弊端、有效提升金融业风控能力的最佳模式。

3. 区块链技术构建金融信用生态圈

金融是现代经济运行的核心内容，而金融的存在和正常运转则依赖于良好的社会信用。"信用"一词属于纯经济学范畴，主要体现为商业领域、金融领域和流通领域的赊销、信贷等交易行为中产生的一种相互信任的生产关系和社会关系。

金融信用作为银行赖以生存的基础，一方面银行必须确保存款人是自由取款，另一方面需要贷款人确保按时、如数还本还息，二者缺一不可，这样才能保证银行实现可持续发展。如果贷款人未能恪守信用，那么银行最终也无法保证对存款人恪守信用。因此，金融信用本质上是对企业信用和个人信用的整合。

但是，仅仅将企业和个人信用进行整合还是不够的，更需要建立起一种金融信用生态圈，才能从真正意义上保证金融业更好地发展。区块链技术则是个很好的构建智能金融信用生态圈的武器。

那么，我们如何来建立区块链的金融信用生态圈呢？

（1）区块链动态记录交易信息、支付信息、投融资信息

区块链采用了"分块"记录的方法，将发生在某一时间段内的交易打包成一个"区块"，每个区块与其前后所链接的区块按照时间顺序进行排序，每隔一段时间就会产生一个新的区块，将一个区块与其上一个区块以及下一个区块链接起来，就形成了"区块链"结构。

这样，我们可以发现，区块链的构成是一个动态的、实时的信息记录堆积的过程。这些实时记录的信息，往往能够反映不同时段客户的动态需求，有助于金融企业快速制定实时、动态响应用户需求的金融产品。

（2）区块链数据可进行再开发利用

区块链是比特币的底层技术，本质上是一个去中心化的数据库，像是一个数据库账本，里边记载了所有的交易记录，其本身就是一种对数据的整合过程，因此是能够满足金融信用生态圈构建需求的。

（3）区块链确保信息不被篡改以及安全性

区块链借助 PoW 共识机制来确保只有合法的区块才能够添加进来。一旦一个区块通过了验证后链接到区块链中，就会被永久性地存储起来，任何时候都不会被任何外界因素所干扰、篡改；而每个区块链的合法性验证问题，包括对其中的所有交易的合法性验证以及区块之间数据关联性规则的验证。这样就确保了金融信用安全的提升。

2016年10月9日，在上海陆家嘴举办了一场以"拥抱创新、防范风险、健康发展"为主题的"2016陆家嘴区块链金融高峰论坛"，并且正式启动了"陆家嘴区块链金融发展联盟"，此次论坛重点内容在于"区块链+金融"，既是跨界，更是融合，是当前金融科技的重点发展内容。

在会议上，浙江银行上海分行的行长顾青良表示："现在商业银行均或多或少地存在小微金融的业务发展瓶颈和小微贷款增长难的问题，一边是贷款难，一边是融资难，使用区块链技术及其商业模式，有助于商业银行解决小微金融的相关难题，提高信息对称性和安全性，降低经营成本和信用风险，进而改善获客模式和盈利模式。区块链金融技术也有助于上海创建良好的金融生态圈，解决中小企业融资难的问题。"

由此可见，区块链对金融业的发展具有颠覆性的影响，对人工智能时代金融信用生态圈的建立具有重要的现实意义。

4. 区块链技术构建银行业客户信用体系

有人总结："百万元企业的老板经营的是体力劳动的生意，千万元企业的老板从事的是脑力劳动的生意，亿万元企业的老板从事的是诚信的生意。"这充分说明要把生意做大做强一定要把守诺诚信放在最重要的位置。

融资也是同样的道理，表面是借钱，其实是一个企业信用度的体现。信用就是资金，有资金就可以对企业进行资本运作，有资金就可以把企业做大做强。

在中小企业发展过程中，存在着一个非常让人痛心的现象，有些企业的创业者信用观念十分淡薄，利用虚置债务主体、假借破产之名以及低估资产、逃避监督等各种方式逃、废、赖银行债务。

这些损坏企业信用的行为，不仅加大了银行贷款的风险，相应地还降低了银行对中小企业放贷的信心。

其实，对于任何创业企业而言，培养融资信誉是非常重要的。

第六章 人工智能时代：区块链如何构建金融信用长城

因为一个企业的做大做强，离不了融资，离不开资本的扶持，而且永远要与金融机构打交道，永远要与客户打交道，没有企业信誉，融资只会是镜中花、水中月。

为了降低自身的风险，金融机构只会越来越看重征信的重要性。融资信誉对于中小企业而言，就是一把双刃剑，重视信誉意味着更低的交易成本，忽视信誉则意味着更高的融资成本。

作为中小企业，只有尊重投资者，严守资本市场的游戏规则，才有未来更大发展的可能。融资的精髓，融资之道即经营之道，要把企业做大做强，持续发展，更是离不开守诺诚信。

信用即资金，融资就是融信用。有了良好的信用记录，融资难的问题就可以得到根本的解决，企业就可以进行专业的融资策划，就可以走资本运作的道路，到资本市场进行直接融资，企业就可以得到迅速的发展并走向成熟，成为行业的领头羊，美誉度也会随之再度提升，可以说是又多了一张美丽的名片。企业步入了这种良性循环，融资再也不是难题，融资成为企业腾飞的有力工具。

（1）智能时代，区块链构建金融信用长城

区块链本身具有去中心化、去中介化、无须信用系统、不可篡改、加密安全、匿名等特点，这些在交易支付领域都是不可多得的优点。另外，区块链的这种无须信用的点到点模式，意味着商业银行原本作为重要的支付中介和信用中介的必要性已经大

幅降低，在一定程度上削弱了传统商业银行在货币创造过程中原本应当发挥的作用，进而对其存款和信贷领域也产生了巨大的影响。

信用本身将会对社会资源的配置效率产生很大程度的影响。银行作为当前经济社会中重要的金融中介，其在社会信用体系中的经济功能主要包括两个方面：一方面，解决资金供给双方的信息不对称问题；另一方面，对金融交易中所遇到的信用风险问题进行有效把控。

也正是基于此，使得银行能够获得相应的经济利益。一旦数字货币完全取代现金，那么传统意义上的银行网点也将失去其存在的价值。然而，发行数字货币并完全取代现金还是需要一定的时间的，并且需要移动数字设备作为硬件支持，还需要解决数字身份证以及隐私保护等诸多问题才能真正实现。因此，银行业可以有足够的时间去探索应对信用风险的方法。

那么，信用体系的构建过程中又会受到哪些因素的影响呢？

第一，大数据影响银行客户信用体系的构建。当下，银行业使用大数据进行客户信用评估已经成为一种必然。但是，在信息化时代，人们生活的方方面面都会产生海量数据，由于数据来源于传播，具有一定的差异性，就造成了各种虚假、欺骗信息充斥期间，这就使得银行在进行客户信用评估的过程中遇到严重的干扰。数据信息泛滥以及数据的可操纵性，使得数据信用问题非常明显。海量数据的价值甄别将给银行带来巨大的成本代价，数据灾害也给银行客户信用评估带来严重的阻碍。

第二，区块链认证模式影响银行客户信用体系的构建。区块链技术可以改善大数据应用与银行客户信用评估过程中出现的成本高的问题。区块链可以解决数字世界中的认证问题，因此对于传统的客户信用评估模式以及大数据信用评估模式来讲是一个巨大的颠覆和创新。针对信息构建中所表现出来的信息不对称问题，区块链技术重新定义了大数据在信用评估过程中的应用价值。扁平化数据的生成、数据资源共享，使得原本的信息不对称问题得以解决。另外，我们前面也讲过，区块链本身具有数据授权的优势，这样就保证了数据的不被篡改，同时也克服了大数据在应用过程中出现的隐私问题，使得大数据具有开放、共享、透明的特点。

（2）区块链构建的银行客户信用体系的优势

区块链技术应用于银行客户信用体系的构建，具备以下几个方面的优势：

第一，改善征信成本。区块链技术使得信用数据可以无限使用和分享，可以大幅减少海量数据的虚假问题，从而使得数据收集、处理以及使用的时候能够更加便捷，同时降低银行客户征信数据处理成本和自动化运营成本。

第二，拓展信用评估的覆盖范围，扩大客户群体规模。利用区块链技术还可以收集在传统模式下无法通过调查等方式顾及

的所有客户群体的数据信息，同时可以针对特殊群体，即那些没有注册银行账户，但是能够与互联网接触的人群，对其展开信用评估，进而扩展信用产品服务的对象范围。

第三，改善信用产品管理的成本。区块链使得信用的评估、定价、合约等能够自动执行与管理，无须额外的人工参与，这样就极大地降低了信用产品管理的成本，同时还能大幅提升银行的信用及业务规模。

第四，提高信用创造能力。区块链下的信任代码技术，可以使信用产品的全部过程都具备动态编程的能力，这样就有效扩大了信用产品的创造空间。比如，智能合约，它适用于金融领域的任何场景。

5. 区块链金融的六大应用场景

区块链技术本身就是比特币的一种底层技术，也是一种全民参与记账的技术，可以被看作一个数据库大账本。从这些层面上来看，区块链注定与金融之间会产生千丝万缕的联系。

那么，区块链金融都应用在哪几个场景中呢？下面我们一起来了解一下。

（1）数字货币

比特币作为一种数字货币，彻底颠覆了人类脑海中对于货币的概念。比特币以及其他数字货币的出现与发展，正逐渐改变着人类使用货币的方式。从过去的物物交易到现在的物理货币交易再到以后的信用货币，这一发展历程是随着人类的商业行为以及社会的不断发展而演进的。

随着电子金融以及电子商务的不断崛起，伴随着人工智能的蓬勃发展，数字货币以安全、便利、交易成本低的优势，在基于网络的商业行为中应用，并将逐渐取代当前的物理货币，而成为流通的主流方式。正是由于比特币网络的崛起，使得区块链这种

分布式账本技术在全球范围内得到了关注，并且在金融领域中开辟出更加广阔的应用天地。

（2）跨境支付与结算

当前，跨境电商正处在风口期，各国对于进口食品、日用品、酒水饮料、幼儿奶粉等的需求推动了跨境电商的蓬勃发展。但是，在为各国提供更多商机的同时，跨境支付也表现出众多痛点。

其一，手续费极高，周转期漫长。目前，电汇成为跨境电商的直接支付方式，其汇款周期为 3～5 个工作日，除了中间银行收取一定数量的手续费之外，环球银行金融电信协会也会通过其他系统进行电文交换进而收取较高的电信费用。以我国为例，通过中国银行进行跨境汇款，会收取单笔 150 元的电信费。

其二，跨境支付诈骗行为越来越严重，由此引发了跨境资金风险以及其他的法律商业风险。

其三，中间环节多。在现今的跨境交易过程中，往往会找一个可信任的中介角色，当跨境汇款与结算的方式日趋复杂的时候，在付款人和收款人之间的第三方信用机构就显得尤为重要了。

然而，区块链出现并应用于跨境支付与结算场景当中，摒弃了中转银行的角色，实现了点到点快速且成本低廉的跨境支付。

具体来讲，区块链在跨境支付与结算场景中的应用优势主要体现在以下几个方面：

第一，降低操作成本和费用。首先，区块链免除了中转银行这一环节，这就意味着免去了中间费用。其次，因为不再需要与往来中转银行之间的银行业务关系，银行之间的竞争会加剧，给手续费和外汇业务利润带来压力，并导致总体成本降低。最后，流程更加具有透明性。

第二，安全性更有保障。区块链的分布式账本技术使得跨境支付与结算的安全性得到了更好的保障。

第三，交易总体速度加快。在未来，银行与银行之间不再需要通过第三方，而是通过区块链技术打造的点对点支付方式，使得传统的中间环节可以省去，实现全天候实时支付与到账，提现便捷、快速，满足了跨境电商支付与结算的及时性和便捷性需求，从整体上提升了交易速度。

（3）数字票据

票据本身是一种集支付和融资功能为一体的工具，近年来受到了银行和企业的极大青睐。当前票据市场已经成为货币市场中的重要组成部分，受到了金融机构的极大重视。票据业务为实体经济的发展提供了重要的支持作用，同时也推动了货币市场的进一步扩展，丰富了金融市场中的产品种类。

因此，在某种意义上来讲，票据已经成为整个经济发展的重要支柱之一。但是，从2015年年中开始，我国国内爆发了诸多票据业务的信用风暴。票据业务创造了大量流动性的同时，相关

市场也滋生了大量违规操作，出现了众多客户的欺诈行为，有多家商业银行的汇票业务事件集中爆发。

随着科技和经济的进一步发展，数字票据的概念随之产生。所谓数字票据，实际上不是一种实物票据，但也不单纯地是一种虚拟票据，它是借助于区块链技术，在现有票据属性、法律和市场的基础上诞生的一种新型票据的展现形式。

与现代的电子票据相比较，数字票据在技术架构上发生了很大的变化，却同时拥有电子票据的优点和功能，在结合了区块链技术的基础上形成了一种更具安全性、智能性、便捷性，以及更具发展前景的票据形态。

数字票据的出现给货币市场甚至整个金融领域的发展开辟了另一番新天地，这也是进入人工智能时代的一种金融创新。

（4）银行征信

信用一直以来都是影响社会经济资源配置效率的重要因素。银行作为经济社会中占据最重要位置的金融中介，其在当前社会信用体系中所起到的核心作用主要体现在两个方面：一方面是解决资金供给双方的信息不对称问题，另一方面是对金融交易过程中出现的信用风险问题进行有效控制并进行定价。最后，再从这两个方面入手来获取相应的经济利益。

然而，大数据的出现以及迅猛发展，产生了越来越多的数据并推动了金融领域的发展，尤其是对于即将进入人工智能时代的银行来讲，更是为银行的信用评测提供了创新源泉。

区块链是指用密码学方法动态编程的数据区块链，本质上是对数字世界中产生和存在的数据与代码进行认证，使得某类区块链协议的数据或代码被赋予某类共识性信任。因此，利用区块链技术可以有效解决在数字化社会中存在的数据与代码的身份和信任问题，从而极大地提升银行客户信用体系构建的能力，对于银行征信降低操作风险和信用风险将起到极大的的把控作用。

（5）有价证券交易

证券的发行与交易在操作过程中的流程是非常繁杂的，效率也相对较低。通常情况下，企业在发行证券之前，会事先找到一家券商公司与证券发行中介机构签订委托募集合同，再进行一系列的申请流程，最后才能寻求投资者认购。

这样烦琐的流程需要很长时间才能完成，通常需要 3 天的时间间隔。基于这种状况，必须要寻求一种能够化繁为简，从根本上提升证券发行与交易效率的有效技术。使用区块链技术就是一种很好的解决方式。

基于其本身所具备的特点，区块链技术使得金融交易市场中的所有参与方都能够平等地分享和使用数据信息，让交易流程更加公开化、透明化，从而极大地提升了交易的时效性。各方借助共享的网络来参与证券交易活动，使得原本在很大程度上依赖中介的传统交易模式才能完成的操作流程，进一步转化为分散的平

面网络交易模式。

（6）股权众筹

当前，国家提倡"大众创新，万众创业"，在这个时候，股权众筹成为众多投资者和创业者的机会，使其成为能够在当前竞争激烈的市场中站稳脚跟的基石。区块链技术的出现以及在股权众筹场景中的应用，也为当前众多的创新人士提供了一个全新的视野。

区块链在股权众筹的发展领域具有极大的优势，主要表现在以下两个方面：

第一，公开透明，真实可信。所有的信息对于投资各方都是透明的，并且真实有效，而且信息记录是难以篡改和伪造的。

第二，促进股权流通和资源共享、股权转让以及股权登记更加具有安全性和便捷性，在众筹平台上所有的投资人和项目都可以实现共享。

chapter

SEVEN

第七章

区块链与大数据：打造智能经济

在大数据与互联网高速发展的背景下，区块链正好符合始于互联网时代、善于利用"大数据+网络科技"且与各产业深度合作的众安科技的发展需要。区块链既是大数据的安全载体（存储方式），又为数据使用提供了审计手段（账本），还将扮演数据间化学作用的催化剂（智能合约）。区块链与大数据的奇妙结合，将建构未来数据社会的基础。

1. 链接万物的区块链

物联网作为互联网的进一步延伸，实现了物与物之间的直接联系。互联网技术连接的是全世界的计算机，实现了计算机背后的人与人之间的信息交流。物联网连接的是传感器、机器设备和各种控制中心，实现的是物与物之间的信息交互和控制。其不直接依赖人，却进一步扩充了人的能力，并将帮助人类迈向智能时代。

物联网是用信息构建起来的虚拟世界，丰富了物理世界的维度，推动了现实世界的发展。借助物联网，医院可以远程监控和应对病人的病情，工厂可以自动化生产，房间主人可以根据预先的设定调节室内温度和照明……，这些信息再经过大数据的整合，可以产生全新的生产、生活、服务的维度，从而改造人类社会。

（1）物联网的现状与痛点

对于如此庞大的物联网网络和由此产生的海量数据，中心化数据中心的基础设施投入、维护成本将是巨大的，而且难以应付物联网数据的指数增长。大量的数据需要通过网络实时传递到数据中心并接受交互指令，无论是信息传送、处理，还是存储，都会面临信息持续增长的巨大压力。

在互联网数据安全频频出现问题的时候，更加深入人们生活隐私的物联网设备又进来了。你的居家生活习惯，家人的工作、学习和生活规律……，这些数据如果都传输到管理中心数据库，又会产生怎样的安全问题呢？

如何有效应对海量并且可能是非标准的数据，如何能够在物联网数据里保障数据安全、个人隐私和公司机密，这些都是物联网发展过程中必须要面对和解决的问题，否则物联网的发展会很快碰到瓶颈。

目前的物联网架构基本上都是封闭式的，虽然一个物联网系统的设备之间可以形成互联，并且也利用了互联网传输数据，但架构并不是开放式的，不同的物联网系统之间很难实现有价值的互联互通。这里面有一个很重要的原因，就是单个物联网的数据害怕被其他连接方非法篡改或者因交互导致数据丢失。

（2）区块链能带来哪些改变

物联网面临的两个重大挑战——有效管理几何级数增长的设备和保障用户的数据安全，传统的解决方案会存在较大的困难，而区块链以其独特的技术特点可以战胜这些困难。

区块链技术为物联网提供了点对点直接互联的数据传输方

式，让整个物联网解决方案不需要引入大型数据中心进行数据同步和管理控制，而由区块链网络自行完成分布式物联网的管理控制，并高效地进行数据保存。所有物联网信息都保存在区块链中，这样便形成了可信任的物联网数据来源。

区块链特有的数据加密保护和验证机制可靠地保护了数据的安全，并充分维护了数据方的隐私或者机密。第三方即使侵入网络获得了存储的数据也无法窃取真实的数据内容，更无法对数据进行篡改和删除。所以，更多的小物联网可以通过区块链网络组成更广泛的、多维度的物联网，充分发挥大数据的巨大威力，而无须担心由于互联互通导致的数据泄露和损失。

另外，随比特币崛起的区块链，本身就有方便、可靠的支付结算的潜质，为物联网平台带来了实时交易结算的能力。

（3）区块链让物联网真正链接万物

在物联网时代，运用区块链技术可以直接在机器与机器之间进行经济运行，比如说自动售贩机和无人送货机，这些机器原来无法处理信任的概念，但是借助区块链技术这一切都可以做到，无人机可以准确无误地将包裹递送给收货人，并且确切地知道货款是否已经支付。

在去中心化的物联网中，区块链是能够促进交易处理和交互设备之间协作的基础架构。每个区块链管理自己的行为，发挥自身的作用，这样就会形成一个去中心化的自治物联网。

2. 区块链充当数据间化学作用的催化剂——智能合约

智能合约可以说是一项不可思议的区块链技术。

传统合约是指双方或者多方通过协议来进行等值交换，双方或者多方必须信任彼此，才能履行交易；而智能合约则无须彼此信任，因为智能合约不仅是由代码进行定义，也是由代码强制执行的，完全自动且无法人为干预。

（1）区块链技术为智能合约带来重生

简单地说，合约的核心层面就是一个要约、一个承诺以及一种价值交换的行为。智能合约指的是一种资产的数字化协议，协议的内容包括了标的资产在哪里以及何时执行、如何执行，这些都是完全基于网络环境实现的，无须托管人干预。

智能合约应用于金融交易具有天然的优势，因为金融交易的本质就是价值的转移，在金融交易中被交易资产的本质决定了交易双方选择协议的类型。

智能合约可以称作是密码学世界真正的"杀手级"应用。很多人都相信,在加密货币领域是不需要人类干预就能够自动执行合约的,这些合约经过互相协调,成为自动化的资产、过程以及系统的组合。因为比特币本身就是一个计算机程序,智能合约能够与它进行交互,就像它能与其他程序进行交互一样。

区块链和其去中心化共识系统的窍门在于保证了每个人都有一个账本的副本,并使每个人的账本都对最终的协议执行发挥影响。如果每个人拥有的账本副本是相同的,那么人们就无须中心化的机构去记录交易了;而智能合约是由事件驱动的,具有状态的,运行在一个复制且可分享的账本之上,并且能够保管账本上资产的程序。对于这样可复制、共享的账本,无须双方向对方证明自己是诚实的。

而当我们利用运行计算机代码开展智能合约时,双方在商定合约后,互相同意一份代码版的合约,对合约使用的外部数据信息源、如何解决纠纷达成共识。双方在签署智能合约之前,需仔细检查代码,确信不存在恶意漏洞,进行测试并查看试运行结果后再进行签字并部署到账本上。

如此运行下来,双方都无须花费时间和精力重新核实合约条款,双方都确信合约代码能够同时满足各自目的。因为它是运行在可复制、可共享的账本上的,双方都能够确信程序的输出结果对双方一致。

（2）智能合约：更多的应用场景

智能合约的潜能不只是简单的转移资金，我们生活中很多日常用品都能够被连接到物联网上通过智能合约的形式被使用，比如汽车或者房屋门锁等。由于密码学货币的出现，智能合约这一技术正逐步走进我们的现实生活。它可以在我们生活中的很多小事中得到体现。

以欧洲杯比赛为例，假如你赌西班牙队赢，下注500元或者一个比特币，你的朋友赌法国队赢，下同样的注。

第一步，你和你的朋友将比特币发送到一个由智能合约控制的中立账户。当比赛结束时，智能合约通过 ESPN、路透社或者其他媒体确认西班牙队战胜了法国队，智能合约将自动把你的赌金和从朋友那赢得的钱，发送到你的账户。

再比如已经渗透到我们生活中的打车软件。

在实际生活中，Uber 或者滴滴等应用程序可以让用户，也就是乘客和司机两端去共同创建智能合约。这些应用程序提供了价值交换的平台，即付费乘车。

具体来说，这些应用程序让消费者创建一个包括乘车距离需求、价格以及享受到服务后自动进行付款承诺的要约，而司机可以接受这个要约并提供乘车服务。在这个过程中，双方分别提供了自己所能提供的价值，司机提供了时间和车辆，乘客则提供了费用。

区块链风暴

合约进展顺利的情况下，乘客在特定地点上车并在目的地下车，司机获得乘客提交的费用。但目前的打车软件合约更像是半自动合约，在这个过程中的某些方面还是需要人的互动的。

从打车软件智能合约的应用可以看出，日常生活中，区块链在物联网领域有着巨大的应用潜力，这也让智能合约的应用大有可为。物联网是一个设备、车辆、建筑物与其他实体通过嵌入软件、传感器和网络相互连接的世界，小到房屋门锁，大到自动驾驶车都可以成为物联网的一部分。

但是现在物联网还存在一些问题，比如汽车系统可能会受到恶意攻击，房屋进入系统其安全性有待加强，以及互联网普遍存在的安全性问题。但是区块链却有着解决这些问题的潜力。

3. 区块链存储方式，大数据的安全载体

爱好摄影的刘阿姨最近正被一件"大事"所困扰。刘阿姨每年都会约朋友一起去国外旅游，拍摄了大量的照片留作纪念，并时常与朋友分享。

平时刘阿姨把照片存在电脑硬盘里，甚至不让老伴碰这台电脑，就是担心老伴不小心删除了她的"宝贝"，但是不幸的事情还是发生了。

有一天当她打开计算机后，发现硬盘上的照片打不开了。她心急火燎地给电脑厂商打电话，厂商说硬盘早过了保修期，能不能恢复数据要看硬盘的受损情况。一周以后消息传来，硬盘数据已丢失，照片无法恢复。有没有一种办法能解决刘阿姨的问题，实现信息的安全、永久存储呢？

这就是分布式云存储。

中心化的存储方式面临着信息安全和永久存储的问题，而基于区块链技术的分布式云存储将是解决这一问题的最佳方案。与

目前中心化提供的云存储空间不同，基于区块链技术的分布式云存储不但可以储存，还可以同时证明这份数据是真实可信的，并且永远不会被修改。

区块链的特点就是分区块存储的，每一个区块包含一部分交易记录。每一个区块都记录着前一区块的 ID，形成一个链状结构，因而被称为区块链，以此来保证每一个区块上的信息都是不可更改的。区块链实际上就是一个分布式数据库，是加密后分散式存储的云存储。

区块链的分布式云存储主要具有以下特点：

（1）实现碎片资源的可利用

每个人都可以通过分享个人的硬盘空间获得金钱回报。这个金钱回报由租户直接支付给个人，提供服务的平台只收取很少的服务费。可以理解为平台就是硬盘存储的 Uber。

（2）大众广泛参与

所有人都可以访问公开区块链上的数据，所有人都可以发出交易等待被写入区块链。共识过程的参与者（对应比特币中的"矿工"）通过密码学技术以及内建的经济激励以维护数据库的安全。

（3）高效、低成本运行

区块链技术在网络上是公开、透明、开源的，不需要通过任何的机构及组织，可以随时随地上传、下载所需要的信息。比起购买昂贵的存储设备及配套的人力来说，租用硬盘空间比较经济、实惠。

（4）较高的安全性

传统的云存储公司购买或租用服务器来存储他们的客户文件，同时使用 RAID 方案或多数据中心的方法来保护数据的安全性；而使用区块链技术不需要中心化，不需要购买昂贵的设备及人力维护。区块链技术让文件存在于一个分布式、虚拟和分散的网络中，这样就不需要像传统的云存储公司那样依靠硬件的维护来保证存储的可靠性。

中心化的云存储早已进入商业应用阶段，如亚马逊的云平台就十分强大，足以让用户以平台为基础开发某些复杂度高得惊人的功能，支撑亚马逊云平台强大功能的就是百万级数量的服务器。

我们甚至可以畅想，电脑制造商们将会设计一款没有硬盘的计算机，因为好处是显而易见的。"我们的电脑不需要硬盘"，光是这句广告语就足以让"粉丝"们兴奋不已，甚至不假思索地下单。"精明"的用户可以算一笔账，假如说我们买一台笔记本电脑原来可能会花费 1 万元，但是没有硬盘的话，应该在 8 千元左右，而我们只需要再拿出很少费用租用一个云存储即可。

4. 共享经济，拥抱人工智能

共享经济是当前比较热门的话题，出行、住宿等个人生活领域的共享，既是大数据时代的新产物，也对大数据本身发展有促进作用。区块链的出现，无疑将会进一步对共享经济产生极大的助力。

（1）什么是共享经济

所谓共享经济，就是把原先所有权明确的（专有）、闲置的（等待被调用）、非标准化的（无法简单复制）零碎资源映射为标准数字化的互联网信息来分享和整合，并充分调用起来。这和传统意义上的"借"不同，共享经济依赖的是对大范围数据和资源的掌控和调用。只有在大尺度上实现共享，才能成为一种"经济"，小范围只能是租借服务。

共享经济要在大尺度上实现，离不开两项关键的基础设施：低成本的信息流通（互联网）和对用户数据的掌控。发展了几十年的互联网之所以直到今天才孕育出共享经济，主要是因为用户数据到了由智能手机支撑的移动互联网时代才有了使用价值。如果我们还局限在桌面电脑时代，那么就算每台终端的接入速度都快到光纤级，也不会有几个人用电脑来叫网约车。

这就是操作工具影响思维模式的典型特征。

移动互联网让行为和需求数据第一次可以精准定位到个人，常年在线的方式让数据有了即时的特性。两者结合，相当于在网络数据空间复制了一个和现实世界实时对应的信息世界。

在这个世界里，每个用户的信息和需求独自组成个体特定需求所构建的映射网络。多维度的充分互联已经不是简单的网络结构，而是一点瞬间联通其他。对用户而言，时空的概念被黑盒化，被大大模糊，信息的应需而得只是操作手段，结果是服务应需而得。

通过对数据的研究，发掘每一条需求和供给之间的关系连接，才是共享经济的本质特征。换句话说，共享经济能不能成长起来，甚至成长起来后对社会的影响有多深远，很大程度上就取决于这种联系能编织起的网络有多大、多密、多深，有多少维度。

从这个角度来看，目前流行的共享经济案例，如网约车（滴滴、神州专车等）和共享单车（摩拜、ofo等），只是这张大网编织过程中最初的几根绳子。其商业模式的建立，本质上和传统的互联网创业公司是一样的：在实际生活中发现需求（痛点），然后调用资源解决需求（痛点）。其中，依赖人力发掘联系至关重要。这样的模式久经考验，但是强烈依赖创始人的商业感以及资金投入等因素。问题在于，这些因素无一不是稀缺的。那么，怎

样降低共享经济的创新门槛呢？或者说，怎样才能发动更多的脑力参与到这张大网编织的过程中来，让编织的速度更快些呢？

最简单的答案就是"人海战术"，让每个人都可以用极低的成本参与进来。共享经济依赖的是对数据的调用，而传统模式下，数据本身被寡头们掌管。那么，把数据作为一种全社会范围的公用资源，作为一种可以和水、电路相提并论的基础设施，就成为一种必然。

（2）共享经济与区块链

很显然，现有的数据组织形式根本无法满足上述需求。我们需要一种全新的方式来组织安排数据，这种技术就是区块链。

完全去中心化管理的比特币已经运营了很久，无论是数据的存储和调用方式，还是低廉的维持成本以及高度的保密性，区块链技术的稳定性都已经得到验证。只要设计合理，数据的可扩展性也可实现，更不用说可以随时新建更多的专用链来解决特种课题。由此看来，区块链技术完全可担大任，成为大数据的载体。

如前所述，从数据的角度来看，共享经济的本质是在数据空间为需求和供给创建联系的服务。当下，个体的需求需要用户自己提出，个体提供的服务也需要用户明确量化。这无疑限制了共享的想象空间。

如果数据成为一种公用产品，那么每个人都会时时刻刻产生海量的数据；而这些数据又可以在保留隐私的前提下汇集到区块链上，供任何有能力、有兴趣的企业或个人发掘。那么借助对数据的挖掘，无论是通过人工的手段，还是通过时下火热的人工智能的手段，都有助于发掘潜在的机会。借用乔布斯的理念，既然用户自己都不见得知道自己想要什么，那就让大数据分析来帮助用户找到自己想要的。

（3）拥抱人工智能

随着人机界限被突破，人工智能不仅是一种工具，更是跨物种合作的一扇门。区块链、大数据与人工智能的结合，将使我们从生物生命体进入人类生命共同体，最终进入超生命共同体或智慧生命体。

人工智能涉及的领域非常广泛，并且已经深入人们的生活。基于大数据的积累和应用，人们在其中发现了某种规律，引发了分析的需求，让机器开始有了思想。当硬件性能逐渐提升、计算资源越来越强大时，大数据孕育了今天的人工智能。很多过去只有人才能做的事情，现在逐渐通过机器实现，典型的案例包括语音助手、无人驾驶、机器人等。

AI 的基础是大数据，但这些资源通常掌握在巨头手中。这也是为什么这个领域的头条新闻总是被微软、谷歌、IBM、苹果、亚马逊、Facebook 这些公司抢去的原因。在国内，BAT、京东这样的企业同样拥有足够的用户基础，并且已经开始应用。

人工智能本身就是大数据进一步发展必须结合的伙伴。大数

据采集的不仅是规范化的数据，还有大量非结构化的数据和不同维度的庞杂信息。

结构化数据可以存储于普通的数据库之中，相应的处理会比较规范和简单；而非结构化数据涉及各种信息来源，在大数据时代占比会急剧上升，特别是随着社交媒体的兴起，非结构化数据更是迎来了爆发式的增长。真正要对这些大数据进行分析并不简单，无论是自然语言处理技术，还是图像解析技术或者语音识别技术，都是传统意义上人工智能研究的范畴。

没有人工智能的帮助，大数据很难做高水平的处理和分析。伴随阿尔法狗被人们所知的神经元网络"深度学习"，是人工智能的更进一步发展。人工智能不仅需要对已有信息的分析解读，更需要建立主动的信息获取和学习能力。

显然，人工智能和大数据是相伴相生、共生发展的又一个典范。随着更多数据的积累和更高硬件水平的支持，人工智能将会迸发出更强大的活力。

5. 结合了区块链和大数据的虚拟现实

你知道虚拟现实是什么吗？

广义的虚拟现实包括通常意义上的虚拟现实（Virtual Reality，简称 VR），也包括增强现实（Augmented Reality，简称 AR）和混合现实（Mix Reality，简称 MR）。

首先，虚拟现实可以简单看作是一种界面技术。人类与外部世界交互的直接手段是眼、耳、鼻、舌、身、意，眼镜、望远镜、电视、电脑、手机等都是逐步发展出来的交互方法，也是信息综合在一起与人交互的界面。所谓"秀才不出门，全知天下事"，当代"秀才"只要掏出手机来就可以了。

其次，虚拟现实技术和可穿戴设备、传感器技术有很多的重叠。随着科学计算和工业制造的发展，人类对内、外部世界的认知有了更加丰富的手段。X 光、红外线、核磁共振、价格低廉的高清摄像头等新设备，配合"深度学习"自动辨识图像的能力、眼动追踪有效获取关注焦点的能力等，这一切大大拓展了人类身

体的能力，丰富了可获得数据，实现了无论量级还是维度的全面提升；而且，只有通过虚拟现实，一个真实世界的完备映像才能真正形成，数字化虚拟世界的融合与进化速度必然远超物理世界。

最后，虚拟现实不仅是单向的信息传递，还可以提升人类影响内、外部世界的能力。战斗机飞行员的数字头盔就是典型的案例，所有信息在眼前随需提供，战斗的感觉越来越像打游戏了；而区块链技术加入其中，会使军事数据链路更加可靠。

下面我们来看一个案例：

在戒毒治疗中，通过递进方式播放虚拟现实影片，让吸毒者对毒品的依赖转化为对毒品的厌恶和恐惧。整个治疗过程中，除个别人因为自身的身体条件在观看VR影片时会产生轻微的眩晕感之外，并无其他副作用。

从心理治疗角度来说，听觉比视觉更有激发共情的可能性。因此，在短片的制作中着重加入了许多对吸毒人员有固定含义的环境音、对话等，以提升治疗正效果。

类似的临床实验案例显示，60余名吸毒人员在经过15天的6次虚拟现实系统治疗之后，对毒品渴求度降低的比例达到75%；而同一时间内，未使用虚拟现实系统治疗的对照组人员仅有3%降低了对毒品的渴求度。

成影是隐私性非常强的应用，信息必须真实可靠，但又需要署名，这是最常见的应用场景，也恰恰是区块链可以大显身手的地方。区块链保护隐私而又消除数据孤岛的巨大优势，为大数据在戒毒等领域的应用奠定了坚实基础。

和戒毒类似的是心理治疗，无论是真正的精神卫生方面的问题，还是心情不好需要排解忧思，虚拟现实都需要在大数据和区块链的帮助下，一方面充分保护个人隐私，真正打开求助者的心扉，另一方面需要依赖大数据卓越的分析能力，集全社会的成果和优势，真正服务和帮助到每一个人。

6. "区块链+大数据" 开启新时代

区块链构建在互联网之上，随着这个系统的扩展和完善，它本身经过近几年的狂热追捧之后，大数据的发展进入了新阶段。

第一，随着新科技和新热点的不断涌现，大数据所受到的关注度逐渐下降，炒作和投资方面开始降温，行业的浮躁逐渐消散。

第二，经过了初期发展的高歌猛进之后，能够简单、快速取得效果的大数据应用都已经有所突破，进一步取得进展的时间周期开始拉长。

第三，大数据面临的一些技术和商业逻辑上的掣肘已经实质性地阻挡了大数据的快速发展，亟须快速有效地搬掉这些绊脚石。

大数据发展所遇到的障碍有两类：

一类是和技术相关的障碍，如基础数据采集、处理速度、存储空间、分析技术等，原有的相关技术面对持续上升的海量数据自然会力不从心。更重要的是，面对其中占比很大的低价值数据是不是只有无限扩充技术处理能力这一条出路呢？有没有

第七章 区块链与大数据：打造智能经济

更加有效的办法，在扩充能力的同时提高数据处理之前的数据筛选能力？

另一类实质性障碍主要来自商业逻辑。面对一个个数据孤岛，即使再好的能力也无计可施。如何能够让共享数据的价值凸显，冲破数据孤岛的壁垒？

这里面临的可能不仅是大数据商业逻辑本身的问题，还需要思考当前的社会组织形态和对数据的使用模式是否已经成为大数据发展的桎梏？

区块链技术在近两年横空出世，由于其自身鲜明的特点和优势，不但一举成为夺人眼球的新热点，而且为很多行业难题提供了全新的解决思路，为推动共享社会的发展提供了全新的可能性。那么，大数据能不能获得区块链技术的帮助，跨越其所遇到的一系列障碍，取得新一轮的发展呢？

区块链和大数据的共生发展，一方面区块链为大数据突破樊篱提供了可能的解决方案，另一方面日渐成熟的区块链技术确实也需要有大数据这样的"大江大海"来一显身手。

但是，作为两个独立的技术发展方向，区块链和大数据的合作也不是与生俱来的。忙着"捡到篮里都是菜"的大数据折腾了几年，存在系统版本升级的需求，而投标方区块链能不能承受大容量、高频率的考验，提供真正有竞争力的落地方案，是挑战更是机会。

下面谈到的五个层次可以看作是区块链技术走向成熟的五个阶段，每一步所需要的不仅是商业的推进，更需要技术的成熟和社会的发展。

（1）将区块链作为单纯的技术融入大数据采集和共享

如果简单地将区块链看作一种分布式数据库存储技术，其实就是一种底层技术支持的数据结构和接口，并提供一套与开发语言无关的标准应用程序接口（API）和开发者工具（SDK）。不同时间、不同技术和不同语言开发的各类应用和相应的操作型数据库，都可以通过不太复杂的步骤将重要信息写入区块链，并可以从区块链上获取已有的信息。

打破数据孤岛，形成一个开放的数据共享生态系统，是未来大数据成败的关键。区块链作为一种不可篡改的、全历史记录的分布式数据库存储技术，在强调透明性、安全性的场景下自有其用武之地，可以有效地解决当前大数据遇到的问题；而这会驱使相关利益方，特别是政府或者行业联盟推动打破相关利益者的数据孤岛，形成关键信息的完整、可追溯、不可篡改并多方可信任的数据历史。

例如，很常见的一种现象，一些企业违反环保规定，在夜间关掉环保设备而输排，通过违法的方式希望减少生产成本，获得更多的经济利益。这种情况举证并不容易，虽然布置了很多监控传感器，但传感器的数据可能会被事后修改。

如果所有环保设备和相应监控传感器的数据都被实时写入区块链，则这些数据将无法被篡改，并且被分布式地存储在全网不同的节点上。这些节点除了厂家之外，还可以部署在监管部门和能被公众实时查询的场所，由此产生的监管效果必然极为显著。

通过将区块链作为一种分布式存储的统一数据结构和接口，可以用比较低的成本来实现关键重要数据的互联和共享，一定程度上打破数据孤岛并形成多方信任的数据链条。

（2）将区块链作为数据源接入大数据分析平台

区块链的可追溯性使数据从采集、整理、交易到流通以及计算分析的每一步记录都被留存，使数据的质量获得前所未有的信用背书。这保证了数据分析结果的正确性和数据挖掘的有效性。

因此，从区块链上获取数据作为大数据分析的补充是应有之义。尽管大数据的发展趋势使对大部分类型数据的精确性要求降低，但是对于某些追求正确性的重要数据，把不可篡改的区块链作为数据源就很有必要了。

数据隐私保护一直是大数据发展的一个掣肘，大数据时代所需要的数据互通、数据共享实际上和保护个人隐私之间是存在剧烈冲突的。区块链技术通过多签名私钥、加密技术、安全多方计算技术，让那些只有获得授权的人才可以对数据进行访问。数据统一存录在去中心化的区块链或者依靠区块链技术搭建的相关

平台，在不访问原始数据的情况下进行数据分析，既可以对数据的私密性进行保护，又可以安全地提供社会共享。

（3）将数据作为一种资产在区块链网络中进行交易

区块链是从比特币开始为人所知的。可以说，比特币是区块链技术第一个成功的杀手级应用。在目前的第三代区块链网络上，可以将任何资产数字化后进行注册、确权、交易，智能资产的所有权是被持有私钥的人所掌握的，所有者能够通过转移私钥或者资产给另一方来完成出售资产行为。

如果将大数据视为一种资产，那么无疑可以通过区块链技术实现其资产的注册、确权和交易。进一步来说，由于区块链平台可以支持多种资产的互联互换，大数据资产就可以在区块链平台上参与交易，利用区块链平台的智能提合机制支持类似大数据交易所等方面的应用。

（4）区块链作为万物互联的基础设施支持大数据全生命周期

区块链作为一个去中心化的网络平台，可以包含全社会各类资产，让不同的交易主体和不同类别的资源有了跨界交易的可能性。

在这个价值网络中，不但可以进行传统的商业活动，还可以进行非商业的资源分享。但是需要你在这个网络平台上有信用，需要你的资源有价值；而区块链技术可以保证资金和信息的安全，并通过互信和价值转移体系达成此前无法完成的各种交易和合作。

我们相信，未来区块链将类似如今的互联网成为价值互享的基础设施，人类的大部分经济活动可以用终端用户不易察觉的方式在区块链上运行。行业的上下游通过区块链共享供应链信息并进行智能生产；各类资产在以区块链为底层技术的交易所进行交易和互换；陌生的多方可以基于区块链上的可信记录进行合作；政府的公益和社会慈善事业通过区块链增加公信力和透明度。

在此基础上，区块链既成为各类经济活动的基础设施，同时也是各类数据产生的源头。区块链从技术层面不仅可以提供不易篡改的数据，同时也提供了不同来源、不同角度和维度的数据。大数据分析可以基于全网的分布式存储的结构化数据和非结构化数据（通过哈希保存在区块链上），并通过新的存储技术（如图像化存储）来增大容量。

当这一天到来时，区块链可以为共同的价值互联网提供高质量、经过稽核和审计的数据，而区块链本身则从大数据分析的补充数据源提升为大数据生命周期的主要数据源。

（5）智能合约和大数据促进社会共治

随着数字经济时代的发展，大数据能够处理越来越多的现实预测任务；而区块链技术能够通过智能合约，通过 DAO、DAC、DAS 来自动运行大量的任务，帮助把这些预测落实为行动。

未来社会治理中，地方政府作为资源供给方，在进行诸如精准扶贫、社会服务外包、公益管理、养老等方面，都可以通过区块链作为中介，通过大数据作为公共产品需求者的精准分析工具，通过智能合约为标准化的公共产品提供自动流程。这不但可以大大减轻地方政府所需的编制，也可以优化和提高社会服务的水平。

在这个条件下，有志于公共服务的个人和团体与有需要的人群对接，政府则通过区块链将相应的需求内容和服务情况记录下来，并给服务方提供相应的报酬；而这一切可以做到透明公正和可审计，通过智能合约可以减少人为干预和冗长的审批环节。

与大众日常生活息息相关的公共服务流程变得精准、透明、公开和高效。其中，政府和市场各自使用自己的强项参与，而区块链和大数据技术则为其提供平台。通过对全量数据的扫描和精确分析，并与陌生多方信任的区块链网络和自动执行的智能合约相结合，人类社会治理将会上一个新的台阶。

7. 区块链与大数据的结合——建构未来数据社会的基础

区块链源于社会大众对金融体系的信任危机，因此当时奉行的是极端的去中心化模式。但人类社会的结构则是发源于人类成员之间的相互信任。所以，正确的做法是从技术上解决系统性风险，同时在法律、制度上加强监管，而不是彻底放弃中心化，完全丢弃人与人之间互信这个社会基石。

（1）区块链与大数据的结合

无论是人类社会、动物群体，还是全球大气现象，都更近似于复杂网络的架构，都体现出非标度网络的特性。这种网络中的各节点位置和彼此的交互关系都是唯一性的。这个特性也决定了当区块链技术与人类社会融合时，不能只通过完全去中心化的单一模式。

无论社会伦理，还是系统特征或技术发展，都要服务于社会需要、促进社会融合这个大原则。区块链与大数据相结合，真正应该达到的社会目的也是敦促社会进行改革，增强自我约束，重

新建立社会的信任，而不是彻底丢弃人类的信任来开发出一个完全无信任感的技术系统。

大数据是继传统 IT 之后下一个提高生产率的前沿技术。在人类希望持续地从数据中获得洞察力的推动下，大数据需求被不断提出。从这一点来说，大数据是人类经验和行为历史记录的精确化和高频化，其背后的动力就是人类依然希望依靠过去来预测未来。

大数据改变了人类可能获取数据的方式、频率和容量，大大提高了人类了解现实的能力，因此也改变了人类使用历史经验预测未来的模式。

（2）如何看待经验

我们应该认识到，大数据分析的本质依然是通过历史和过去分析、预测未来。人类的这个习惯一直没有改变，但是我们的经验在多大程度上是可以依靠的呢？

即使经过了大数据分析之后，一方面，大数据无疑提供了更多维度和更全面的历史记录，以及在此基础上利用算法可以获得的各类分析结果，另一方面，大数据的预测，尤其是相关性预测更多提供的是一种基于概率的分布，而不是确定结论。这不是大数据分析的错误，但是使用者要心里明白。

（3）新一轮的社会改良和变革

纵观历史，划时代的技术创新总会带来颠覆性的社会变革。但是，"区块链+大数据"技术有望改变这个传统，以一种和平的方式实现新时代的平滑过渡。

区块链技术与现实社会的结合不同于从无到有新建的网络世界，而是基于已有架构、软硬件布局的低成本耦合。

因此，区块链的使用并不会颠覆现有的生产要素构成，也无须改造现有的互联网基础结构。区块链是通过盘活存量，发据现有条件无法直接利用的网络资源，塑造出的一种全新的社会组织形态和商业模式。

当中心化的云计算或大数据方兴未艾时，作为其对立面的去中心化的区块链也风起云涌，正好是中国人阴阳平衡思想的体现。因此，简单地说，区块链和大数据两者是伴生和互补的关系，互为依存，共生发展，也就是所说的有效去中心化。

这种模式既能够享受去中心化的安全和成本优势，又不至于过度地为了去中心化而降低效率——通过技术与现实的融合实现了正和（而非零和）游戏的技术优势。

区块链提出了不依赖第三方的技术信用，为重塑社会信用体系提供了解决方案，建立了独特的技术优势。另外，区块链技术具备身份公开与署名并行、数据开放与封闭共存等特点，可以扩展出无穷尽的、符合社会习惯和商业原则的应用场景，从而更有

效地促进时代融合与技术革新。

可以大胆地设想一下,未来的某一天基于区块链技术的价值互联网将作为生产关系的一部分,对社会生产力产生重大的影响。因此,从宏观意义上来讲,区块链技术是一种可能会使人类社会产生重大变革的技术。区块链技术对数据的可加密和可公开,用户身份的可匿名和可实名,通过排列组合可以实现无穷尽的场景。这给予大数据更多维度的便利性和灵活性,可以满足不同的商业需求。

chapter
EIGHT

第八章

从信息互联网到价值互联网：区块链如何传递价值

这是一个分享经济的时代，大众的群体智慧和共识，让人类面对不确定性多了一份自信和从容，市场供需也在更加碎片化层次上实现了匹配。区块链本质上是分布式账本，它将成为万物互联时代的万物账本，从信息互联网到价值互联网，区块链如何传递价值？从集中化到分布式，如何提升资源配置效率？

区块链的兴起不是一时炒作，它具有划时代的意义。

在经济社会各个领域，区块链已经引起了广泛关注，很多著名的经济组织、研究机构和知名人士都对区块链的前景充满希望，称它为一场颠覆性的技术革命。

1. 区块链是大数据时代的数据资产流通的关键支撑

数据作为重要的资源，受到越来越多的关注。

在数据资源开发利用的过程中，分享总是难题：政府束手束脚，担心泄露机密；个人也有所顾虑，担心自己的隐私被曝光；企业更是把院门关得紧紧的。其实就像现代贸易极大地促进了全球的生产和消费一样，WTO推动了中国经济社会的高速发展，数据也需要流动起来才能体现价值，发挥作用。没有流通的数据，作用很小，甚至只是一堆数字。

就像经济活动的驱动力是价值实现，作为同样有价值的数据，本身在流动过程中就需要有对等的价值流动，而这正是传统的大数据行业容易忽视的地方，也让大数据行业一直得不到很好的发展。

带着数字密码货币基因的区块链本就是为价值所生，有能力补上大数据价值流转这块短板。只有全面实现价值的大数据，才会真正拥有未来。

第八章 从信息互联网到价值互联网：区块链如何传递价值

数据社会的基础是数据经济。大数据时代各行各业都主动运用数据思维进行转型和创新，整个社会的生产模式、交付方式、生活体验和管理决策能力都在向"数据社会化"演进。数据能够平等地被社会各层面使用，打破物理界限，渗透到社会生活的每个角落，进而驱动虚拟世界与现实社会之间实现生态交互，让社会资源能够在同一平台上被重新整合、共享和使用，最终实现全部的社会应用价值。

因此，未来的新经济模式将以信息经济、知识经济、智慧经济为核心，这些都需要以社会化的大数据为基础，以社会数据的充分融合升华为条件，以大数据资源的商品化运行和有偿使用为标志。只有真正让大数据成为有效资源，被经济规律所引导且又能服务于经济社会，才能真正实现大数据更高层面的充分使用，并真正奠定数据社会的基础。

数据经济的核心是数据流通。大数据最吸引人的地方在于"数据外部性"，即同一组数据可以在不同的维度上产生不同的价值和效用，对不同的用户也会发挥不同的效用。因此，使用维度增加，数据的能量和价值就将层层放大。同时，数据可以以很低的边际成本被"复制"，本质上是天然过剩的，所以可以跨越时间和空间更大程度地重复利用，从而形成更大的社会效用。

互联网时代，最著名的网络效应评估方法是梅特卡夫定律。该定律认为，一个互联网的价值与其节点数的平方成正比，其中有个关键假设是这些节点间的关系具有同等价值。这个定律也成为互联网经济的基石。

那么，数据经济的基石又是什么呢？数据的流通可以带来很大的价值，这里的数据流通不仅包括数据的交易和交换，同时也包括数据的开放和共享。

数据的顺畅流通将有效降低创新门槛，带动移动互联网、大数据及数据服务等新兴产业的发展，成为数据经济的引擎。在大数据上升为国家战略的背景下，数据流通的发展更是拥有了市场和政策的双重机遇。

在大数据时代，数据开放、共享和流通是数据资源价值发挥的关键。但是，由于互联网上缺乏数据源追溯、个人隐私保护和数据确权的机制，给数据价值发掘带来了巨大挑战。

但是，区块链的出现有望改变这一局面。

区块链本质上是一个分布式数据库，能够记录数据、货币交易的全生命周期。推而广之，它也能够记录任何数据资产流转的全生命周期，甚至记录所有重要网络数据的全生命周期。在区块链技术支撑下的数据，拥有完整性、可靠性、连续性、永久性、可追溯性、精确性与透明性等特点，这种管理方式下的数据拥有以往的任何数据库技术都无法比拟的优势。

因此，我们可以预计，区块链将促进数据记录、数据传播及数据存储管理方式的创新，将成为大数据时代的数据开放、共享、交易和流通的关键支撑。

在中心化的数据流通模式中，中心节点有条件、有能力复制和保存所有流经的数据，这对数据生产者极不公平。这种隐患仅仅依靠承诺是无法消除的，也成为阻碍数据流通的巨大障得。基于去中心化的区块链能够破除中心节点拷贝数据的潜在威胁，有利于建立可信任的数据资产流通环境。

个人的身份凭证能够为自己所有，由自己掌控，而如果将每个数据个体视为分布式自治组织，这个原则也将有利于建立可信任的数据资产流通环境。

在未来高度分布、去中心化场景下，区块链将承担全球去中心化数据流通中的数据资产管理、交易、支付、智能合约等业务，区块链技术也将被应用于个人数据控制（如 Open Mustard Seed 框架）和分布式数据存储（如 Maidsafe）。

未来的互联网数据层很有可能构建在区块链的基础上，并在上面叠加网络层、应用层，成为下一代互联网基础设施平台。未来的数据流通也许就构建在这些新的基础设施之上。

2. 区块链是建立价值互联网的基础平台

这是一个互联网改变一切的时代!

互联网技术的发展,已经影响了各行各业,其中包括传媒、消费电子、打车、教育、金融、医疗与餐饮等行业。可以说,越来越多的"互联网思维+某行业"的模式应运而生。

在传统纸媒领域,互联网思维所带来的最直观的感受便是读报人数急剧减少,而数字报纸、网络信息的阅读量呈几何式增长。众多老牌的报纸或是破产倒闭,或是积极寻求转型,出版数字报纸、网上付费订阅、开发手机和平板阅读软件等,这一系列措施均是互联网思维的体现。

在电子书领域,美国亚马逊以成本价的方式销售电子书阅读器,辅以低廉的付费阅读书籍,既颠覆了传统的买纸质书阅读的方式,也改变了出版行业的运作模式。

在餐饮领域,雕爷牛腩餐厅在不到一年的时间内红遍了北京,知名度覆盖全国。其前期的宣传模式借鉴了互联网游戏的"封测"做法，邀请各路美食达人、影视明星前去试吃，既吊足了普通百姓的胃口，也做足了宣传。

在顾客维护方面，大众点评网和微信公众号的使用，既赚到了良好的口碑，又能及时获知顾客的意见和反馈，做到了传统餐饮企业所达不到的响应速度和营销效果；而这一切，亦是互联网思维的创新之处。

在打车领域，"滴滴打车"和"快的打车"两款打车软件，彻底改变了人们的打车方式，附近多少米范围有空车、多久可以到达等一系列信息，能都通过手机实时获得，甚至还能通过和司机讨价还价的方式应对各种特殊打车需求，如位置偏远、紧急订车，等等。互联网思维在这里不但颠覆了司机的接客方式，也极大地便利了出行的人们。

实际上，互联网思维的应用是极其广泛的，不管是最为传统和古老的农业，还是离互联网最近的 IT 行业，不管是与我们生活息息相关的餐饮、医疗等行业，还是传统家电制造业，互联网思维都在迅速颠覆着已有的商业模式。

腾讯创始人马化腾认为，互联网不会是一个独立于实体经济之外的行业，而是像水和电一样深深融入社会每个角落，让每个行业和组织都以更高的效率运行。

如果我们回过头来看互联网技术的发展历史和网络构成，再对比现在的区块链技术和越来越热的价值互联的概念，可以发现区块链技术确实有可能成为未来价值互联网的 TCP/IP（传输控制

协议/网际协议)。

1968年,美国国防部高级研究计划局组建了一个计算机网,名为 ARPANET(Advanced Research Projects Agency Network,又称阿帕网)。时逢美苏冷战,美国国防部认为,如果仅有一个集中的军事指挥中心,万一被苏联摧毁,全国的军事指挥将处于瘫痪状态,所以需要设计一个分散的指挥系统。它由一个个分散的指挥点组成,当部分指挥点被摧毁后,其他点仍能正常工作,而这些分散的点又能通过某种形式的通信网取得联系。发展到1975年,全球已有大量新的网络出现。由于最初的通信协议对节点以及用户机数量的限制,建立一种能保证计算机之间进行通信的标准规范(即通信协议)显得尤为重要。

1983年1月1日,所有连入 ARPANET 的主机实现了从 NCP 向 TCP/IP 的转换。为了将这些网络连接起来,美国人温顿·瑟夫(Vinton Cerf)提出了一个想法:在每个网络内部各自使用自己的通信协议,在和其他网络通信时使用 TCP/IP。这个设想最终使 Internet 诞生,并确立了 TCP/IP 在网络互联方面不可动摇的地位。基于 TCP/IP 的网络推动了互联网的发展。

互联网在发展的过程中具有以下几个比较重要的特征:

第一,开放性。新的节点只要接受标准协议就可以连接入网。

第二,去中心。互联网产生的初衷就是防止单点中心被摧毁而采用的多中心系统,随着后期更多的局域网和新组网技术的加入,互联网去中心的属性越来越明显。

第三,"局域网(多样性)+互联网(一致性,TCP／IP)"。互联网展现出一定的多样性,能够包容各类技术、协议和网络。同时,互联网又具有一致性,网络之间主要的通信都可以通过标准的 TCP／IP 解决。

第四,协议分层。互联网兼具多样性和一致性的源头,就是协议分层的实现。无论是五层网络模型,还是七层网络模型,核心思想都是在保持底层一致的前提下根据具体的应用扩展出市场需要的多样性。

第五,从量变到质变。互联网的发展是一个从量变到质变的过程。当接入的节点数量相对较少时,网络上的应用数量和社会对网络的关注也相对要少,整体处在技术积累的阶段。当接入的节点达到一定数量后就出现了应用的爆发,也就是所谓的互联网革命。

回顾了互联网发展的历史,我们重新聚焦在区块链上,把区块链技术放到通过交换创造价值这个大概念中,去发现价值共享世界形成过程中的机会。

人类社会发展过程中,一直在追求更方便、更快捷的价值交换。按照交易方式,人类社会大致可以分成三个阶段:物物交换——一般等价物(货币)——信用经济。

互联网使世界上的信息流通产生了根本性的变革。在传统的模型中,每传递一次物流和资金流,就有约 3 倍的信息流产生和传递。互联网接入后,可以在同样的时间传递 100 倍以上的信息

流。信息的充分沟通带来了物流和资金流的优化。但是，互联网本身解决不了信任的问题，即使可以高效地实现信息和有价凭证的传输，依然要引入第三方背书解决互信的问题。

随着区块链的产生，第一次用技术手段解决了交易中的信任问题，第一次用技术实现了为交易背书。互联网与区块链的结合，可以产生类似互联网和共识协议的效果。

首先，互联网提供了一个无所不在的联通网络；其次，资产和价值两端提供方（如银行）的 IT 系统和公司的 ERP 系统可以看成是一种基于价值交换的局域网；最后，最重要的是当区块链技术演变成建设基于类似 TCP／IP 之上的一种共识协议后，我们可以借助网络连接各个局域网，构建出能够在全世界范围内进行资产交换和价值交易的价值互联网。

价值互联的核心是要实现资产的互联互通和自由交易。要把全社会的资产都搬到价值互联网上，必须先解决三个问题：完全开放的平台、资金的安全和资产的定价。

区块链技术正好可以给出一个比较完美的解决方案——去中心化的网络。商业巨头们在保证自身数据安全的前提下，与合作伙伴进行数据的互联，甚至共享；加密技术足以保证资产的存放和支付时的可靠、便捷以及安全；快速的验证可以比传统系统更快、更安全地完成支付、确权以及资产的交割。

加入这样一个价值互联网，会比传统的中心化系统实现互联来得更加简单和方便。传统中心化系统要实现互联，只能一个系统一个系统地打通。尽管标准化和信息服务技术的进步使打通的过程不那么痛苦，但是它们并没有带来革命性的变化，而新的思路则是把要打通的数据放到区块链上即可。根据实际的需要，这个区块链可以是私链（自己公司内部共享），也可以是联盟链（集团内或者合作伙伴间共享），更可以是公链（全社会共享）。

在区块链网络中，商家们可以共享自己的资源（商品或服务、客户资源、支付手段），普通用户们也可以在网络中共享自己的资源（如闲置的资产）。

尽管资源方有强有弱，但是不会出现绝对的垄断者，更不会出现强者通吃的局面，这与政府所倡导的互享互通的共享经济不谋而合。

区块链用自己的技术优势保证了价值互联网络的信息公开、透明、准确，并保护了参与者的隐私和数据安全。这样一个以全部互联网为基础的价值互联平台包括了未来广泛的社会资源和社会资讯数据，为未来社会化大数据时代的到来奠定了坚实的基础，做好了充分的技术准备。

未来的某一天，基于区块链技术的价值互联网将作为生产关系的一部分，对社会生产力产生重大影响。因此，从宏观意义上来讲，区块链技术是一种可能会使人类社会产生重大变革的技术。

第一代互联网 TCP/IP 协议的建立让整个社会的信息实现了自由传递。但是，在区块链出现之前，互联网尚未建立起让货

币、资产或者更广泛的经济价值自由传递的机制。

中心化的信用机制不足以支撑经济价值在互联网上的传递。区块链通过建立分布式账本，让信用去中心化，成为一个创造信任的机器。可以预期，区块链将有力推动构建价值互联网的底层基础协议，真正让互联网 1.0 升级为互联网 2.0，从信息互联网走向价值互联网，让经济价值在互联网上自由传递。

没有明确价值属性的大数据只是一堆数据而已。

本质上来讲，现阶段的大数据发展中遇到一些瓶颈和挑战，和大数据自身的价值（特别是对不同维度）不能得到很好的体现是有关系的。利益关系的不明确，以及利益实现渠道被阻断，导致大数据相关主体很难形成合力，突破阻碍来推动大数据的发展。

区块链技术由于在权属确定、数据安全、交易灵活性方面的优势，其对数据价值的展示和实现有明显的帮助。区块链和大数据的结合，可以为未来社会的价值互联做出巨大的贡献。

3. 区块链是支撑万物互联的万物账本

随着互联网、物联网、人工智能、智能硬件等技术的发展，我们正在进入一个万物互联网（Intemet of Everythin）的时代，伴随而来的也是一个智能资产的时代，数字货币、智能合约、数据资产、智能地产、智能工厂、智能家居、智能汽车、数字知识产权等，区块链正是建立智能资产价值转移的基础技术，它将是万物互联网时代的一个万物账本（Ledger of Everything），这可以让智能资产在全网流通。

从万物互联到万物互信，将人工信任变成机器信任。

"物联网+区块链"，一个最大的惊喜就是实现了从万物互联到万物互信，从而将人和人的信任改变成数据对数据的信任。

区块链技术可以帮助解决"数据互联"中的真实性的问题，作为信任连接器，它不需要机构将数据共享出来，就可以把数据请求、数据提供、数据评价、数据交换等过程信息记录在区块链上，借助区块链这种去中心化的方式来保证这些过程信息的不可

篡改性，并永久可追溯。

人们提到物联网，往往都是强调它提升效率、降低成本、便捷生活等方面的优势。但是，一旦它与区块链技术相结合，实现万物互信，就有可能实现更深层次的商业机会。主要体现在如下两个方面：

（1）解决可信云计算的问题

云计算是近几年很热的一个话题，但是，可信计算要求物联网设备获取的数据是真实且不可篡改的，但是这个问题在现有的物联网环境里并没有得到有效解决。

一旦加入区块链技术，则可以通过设备之间的共识机制和不可修改的哈希值，来确保物联网上信息的真实性，从而真正实现云计算，并应用于各行各业。

（2）解决物联网上的数据所有权问题

由于目前物联网设备都是由企业投入资金安装的，因而产生的数据也是留存在该企业的体系里。因此，物联网的协作范围是受到限制的。一旦引入区块链，就可以将数据登记在链上，所有权明确，方便相互协作。

> 第八章 从信息互联网到价值互联网：区块链如何传递价值

4. 区块链是驱动分享经济发展的新引擎

互联网领域最知名的"预言家"凯文·凯利在《失控》一书中指出，未来世界的趋势是去中心化的。区块链将建立起一个去中心化的商业模式和经济运行模式，成为支撑分享经济发展的技术体系和重要引擎，从而构建起众创、众扶、众筹、众包的经济运行新体系。

去中心化，意味着一个更加自由、开放且透明的市场，成本大幅降低，效率大幅提高，许多公司的传统业务模式都将面临颠覆性挑战。

在去中心化的情况下，区块链将构建起一个基于数字的全球信用体系，逐步改变市场中人们交易的方式，优化按价值分配利润的体系。在点对点的透明网络中，区块链将清晰地还原大众市场的供给和需求，激发人们相互的认识价值、创造价值和交互价值。

恩格斯说："劳动创造世界。"这是一种基本价值观，任何财

富的获得都需要付出辛勤的努力和智慧。区块链是一个公平的鼓励奋斗、鼓励竞争、鼓励协作的系统，它有助于建立分享经济时代的新秩序和新规则。

无论是工作量证明还是股权证明，都有助于建立起辛勤致富的价值观，打消不劳而获、投机炒作的价值取向。

5. 区块链是建立社会治理新体系的创新方法

区块链技术将建立网络空间治理的新机制，通过工作量证明、股权证明、智能合约、全网透明、密码学公私钥匙等机制，能达成互联网中的全网校验、全网信任共识，未来基于区块链的社会监管的需求会大幅下降。

由于信息更加透明，数据更加可追踪，交易更加安全，整个社会用于监管的成本会大大减少，法律与经济将会自动融为一体，"有形的手"与"无形的手"将不再仅仅是相辅相成的，而会逐渐呈现趋同的态势，这将创新原有社会的治理模式。

（1）构建社会信用体系

区块链可尝试以城市为试点建立信用信息共享平台，逐步提高信用信息的公开和应用水平，从而构建守信者受益、失信者受限的全新社会信用体系。

通过失信"黑名单"归集、信用监测数据定期公布等，构建

一个公开透明、不可篡改的社会信用统一数据库。推出信用云媒体公信指数、智能合约平台等，大大降低企业、个人、非企业法人（政府机关、事业单位、社会团体等）等之间的交易信用成本。

推进媒体信用监督体系建设，推出信用数据流转监控、信用评估、信用保险、信用管理咨询等服务。

（2）区块链将影响法律体系

未来，区块链可能会像现在的互联网一样，在社会的方方面面得以大规模应用，关于区块链的基本知识会成为我们这个社会的生活常识。

法院可能要处理大量的"区块链世界"里面的纠纷，同时区块链作为工具和应用从很多环节改变了现有的法律体系和流程，区块链的不可逆、无法篡改、可追溯性，都有可能被应用在法律领域，先进的时间戳可以实现新的公证方式。

智能合约可以用于仲裁，甚至大量简单的合同和协议不需要仲裁，可以完全基于机器的自动化履约和兑现，由机器强制执行，透明公开，这将减少很多纠纷。利用区块链技术，在部分层面可以实现智能"法制"，不需要人为干预，甚至干脆无法干预（例如，智能合约到了约定的时间就会自动执行）。

chapter
NINE

第九章

区块链应用场景：真正从"小众"走向"大众"

区块链思想的出现必将与各个行业相互结合，就像"互联网+"一样，也会出现类似"区块链+"。区块链在金融方面，如防范信用风险、流动性和计算风险、操作风险和系统风险等，以及在非金融领域，如贸易、物联网、共享经济、供应链、健康管理、电信和政府行政服务等的应用和发展趋势。

1. 建立信任关系，传递信用与价值

每个人周围或多或少地都会有闲置的各种资源，这些资源在我们的日常生活中很少用到，包括房屋、汽车、知识、技能、资金等，它们不但占用了大量的空间，还没有将其应有的价值和意义体现出来。如果区块链能构建起人与人之间的信用，那么，无须共享平台的帮助，人人都可以将自己闲置的资源通过出租或出借的方式将其共享出去，从而将社会上的一切闲置资源充分利用起来，以最低的成本实现资源使用率的最大化。如果任由这些资源搁置在一旁，那么也是一种极大的资源浪费。

可以说，区块链的出现不仅仅带来了数字货币，还为我们带来了一个真正信用的时代。从数字货币到信用社会，我们的生活变得透明化、便捷化、简单化，真正实现了去中心化的万物互联。

近年来，"区块链"成为继大数据、工业4.0之后的又一科技金融领域的热词，并且代表了科技的新前沿，各大商业机构、专家学者对于区块链领域都给予了极大的关注。在上海举办的"2016互联网金融外滩峰会"上，区块链被誉为"信任的机器"，使得区块链在金融领域的应用成为热点话题。

第九章 区块链应用场景：真正从"小众"走向"大众"

当前，许多金融界的领袖都在探讨未来金融发展的新方向，并对其在未来人工智能时代的发展进行预测，而其中最常被提及的就是区块链技术对金融业的影响。目前，区块链技术已经在金融领域发生了革命性的转变，但是其在金融领域应用的意义并不仅限于此，同时，区块链技术也开启了全新的金融信任时代，这也为金融行业的发展带来了巨大的变革。

作为比特币底层技术的区块链技术，如今已经跳出了比特币的圈子，在金融领域大放异彩。当前，金融领域的信用问题虽然有诸多第三方平台来把控，但是依然没有得到彻底解决。然而，区块链本身就是一个通过去中心化和去信任的方式集体维护一个可靠数据库的技术方案，连接相邻区块的链条本身就可以对相邻的区块进行验证，再加上其数据的透明性和公开性，让区块链技术自带信用属性。

利用区块链技术的属性可以对金融基础设施进行集中化处理，也可以对传统的中间性质的机构，包括银行、支付宝等进行信用去中心化，还可以借助于区块链技术的安全性更好地规避金融风险，这都归功于区块链技术的信用价值得到了极佳的体现。

以股权众筹为例。传统的股权众筹是借助众筹平台来完成众筹项目的，这种方法不但效率低下，而且投资者获得的回报也比较小。如果利用区块链技术，情况则大不一样了。基于区块链的股权众筹，得益于区块链技术的去信任中心化，能够快速完成众筹项目，并且投资者所获得的回报也是相当丰厚的，这些回报也是能得到安全保障的。

实际上，并不是说金融领域的一切活动在区块链技术的作用下就可以不受监管，而是采取社会中的所有人共同监管，即社会共治的方式，以代替传统的通过第三方机构来证明你是谁，而由社会共同证明你是谁。也正是基于这一点，区块链以极低的成本就能够很好地解决金融活动中的信任问题。信用是一切金融活动运行的根基，所有金融活动的监管，包括产品登记、信息披露、资金托管，都是在解决信任问题的基础上完成的。信任问题一直以来都是一个难以解决的社会问题，为此，社会上诞生了诸多公信力机构。区块链技术则为金融领域创造了一个用"公信力"解决公信力问题的途径。

2016年对于区块链相关从业者来讲，是一个让人感到激动的年份，世界著名银行巴克莱银行于9月初和一家致力于金融领域带来分布式分类账技术的初创公司Wave进行了一个分布式分类账技术的真实试验，即一个现场的信用公证贸易执行和完成，这是对区块链技术的重要验证；而Wave自从成为巴克莱银行加速器计划的一部分之后，就一直在探索新的用例，这些用例概念所针对的地区是英国和南非。双方此次合作，在很大程度上为巴克莱提升了影响力。

更加准确地讲，Wave致力于文档和区块链技术的结合，传统贸易文档在使用的过程中很容易因为人为问题而出现错误，并且随着当前科学技术的进步，伪造贸易文档也已经不是难事，这样就会严重影响贸易文档的准确性。

基于区块链技术的分布式分类账则能够有效解决该问题。分布式分类账技术能够大幅削减成本，这也是为何巴克莱银行选择和 Wave 合作的原因。银行在传递信息的过程中往往需要花费高昂的成本费用，并且在使用旧的方式来完成终端到终端的贸易融资交易，往往需要花费几天的时间。如果采用基于区块链技术的分布式分类账技术，就可以有效缩减时间，通常可以缩短到几个小时。

如果说建立信任是防止欺诈的第一步的话，那么区块链信用特征将是金融实现信任时代的重要推动力。基于区块链的存在，任何人的信用度都可以在全网进行查实和验证，因为每个人的记录数据是不可更改的。在这个基础上，每个人都可以利用自己的区块链数据向全世界任何一家银行申请信用贷款，同时也可以凭借自己的区块链数据向全世界的任何陌生人申请信用借款，这时金融交易将不需要银行作为中介来实现，而是大众化的、智能化的金融，人人都可以借助区块链信用实现资金融通，从而开启一个全新的智能化金融信任时代。

2. 自由交易——下一个阿里巴巴

有人说，"阿里巴巴就是中国的亚马逊"。其实不然，与亚马逊相比，阿里巴巴并不在自己的平台上销售大部分商品，也并不用维护庞大的经销商中心，阿里巴巴的淘宝是为消费者提供直接和小商家联系的渠道，而其另一主要购物场景——天猫则为消费者提供与较大品牌零售商的联系。

阿里巴巴联合创始人之一马云就说过："亚马逊和 eBay 是电子商务公司，阿里巴巴不是电子商务公司，而是帮助别人来做电子商务，我们不卖产品。"阿里巴巴的赢利模式主要以通过为零售商销售广告和搜索位置（有点像谷歌）收取费用，以及从天猫上的较大零售商手中获取佣金（这点和 eBay 有点像）为主。

阿里巴巴的成功是无可厚非的，但是我们不难发现阿里巴巴的赢利模式是建立在对商户的有偿服务之上的，阿里巴巴从本质上来说是一个成功的"第三方中介机构"。那么，在互联网的世界里有没有一种不需要商业性质的"第三方中介机构"的平台，只通过买卖双方自己达成信任实现交易呢？

基于区块链技术的发展，在互联网的世界里有了一家这样的

第九章 区块链应用场景：真正从"小众"走向"大众"

"公开市场"。它利用开源的点对点的技术，实现了买卖双方的直接交易，而不需要借助中心化的平台，信任、安全和纠纷处理都由系统来处理。

在这个"公开市场"里面所有人都使用在线交易的新方式，通过在电脑上运行一个程序，你可以直接连接到网络的其他用户，并进行交易。这个网络不是由一个公司控制的，也不是由组织管理的，而是去中心化商城，这就意味着你不需要支付广告费用。

现在，电子商务意味着使用中心化的服务。eBay、亚马逊和其他大公司对卖家实施严格监管的同时也收取了不菲的费用。这些公司只接受像信用卡和 Pavpal 这样的对卖家和买家都收取手续费的支付方式。它们需要用户的个人信息，这些信息可能被盗取或者卖给其他人，被用于精准投放广告或者危害更大的滥用。"公开市场"是为网上点对点交易创建的去中心化网络的开源项目，买卖双方使用比特币进行交易，没有费用，而且公开个人信息的决定权在用户手中，为电子商务提供了另一种途径。

假如，你打算出售你的旧笔记本电脑，你需要首先下载客户端，然后在你的电脑上创建一个商品目录，并标明商品的细节。当你公布这一商品目录后，该目录被发送到"公开市场"的分布式网络上。其他用户搜索你设置的关键词——笔记本、电子产品等时，就可以发现你的商品目录。他可以接受你的报价或者提出新的报价。

如果你们两个人都同意这一价格，客户端就会使用你们的数

字签名在你们之间创建一个合约,并将该合约发送到被称为公证人的第三方。当买卖双方产生纠纷时,公证人就介入交易。这些第三方公证人和仲裁者也是网络的用户,可能是你的邻居,也可能是地球另一端的陌生人。第三方为合约做证,并创建多重签名比特币账户,只有当集齐三个签名中的两个时,比特币才会被发送给卖家。

买家发送商定好的数量的比特币到多重签名地址。你会得到通知,知道买家已经发送货款,然后你就可以发货了,并告诉买家已经发货。几天以后,买家收到笔记本,他将告诉你收到笔记本,并从多重签名地址释放货款。你获得了比特币,买家获得想要的笔记本。没有交易费用,买卖双方皆大欢喜。

那么,如果在这个过程中产生交易纠纷该怎么办?例如,你从卖家手里买了一本书,你向多重签名地址发送比特币,但是他们发错了货,或者质量不像广告说的那样好,或者卖家根本没有发货,那该怎么办呢?这就需要第三方介入了。卖家只有在多重签名集齐三把私钥中的两把才能够从多重签名地址中取走货款。第三方公证人控制着第三把私钥,所以在买卖双方达成和解或者第三方认为卖家或者买家是正确的以前,多重签名地址中的比特币是不会被移动的。

在交易开始时,你怎么能够信任第三方呢?在用户隐私不被公开的网络上,你怎么能够信任别人呢?"公开市场"平台有一个信誉评分系统,允许所有的用户对其他用户进行反馈评分。如果某些人打算诈骗其他的用户,他们的信誉将会受损;第三方如果不能公正裁定交易纠纷，他们的信誉也会受损。当你在平台上购物和选择第三方公证人时，你能够看到他们的信誉评分，判断其他用户是否信任他们。保证这些评分是合理的以及防止作弊是巨大的技术挑战。

如果这样仍然不能消除你的疑虑，卖家和买家可以创建一个投票池，由买卖双方都信任的用户组成。这些步骤可能听起来很复杂，但是客户端会处理这些细节问题。它们的目标是为用户提供比陈旧的中心化平台更好的用户体验。

也有人会问，在这个如此自由的市场上你会交易什么呢？第一个猜测就是毒品。事实上，这种猜测是片面的。历史上第一笔电子商务交易是发生在斯坦福大学和麻省理工学院的学生之间。40年前，他们通过阿帕网（Arpanet）进行了一小笔毒品交易。如果我们因此而关闭了互联网，那么我们就无法体验到它为当今社会和商业带来的好处。

"公开市场"为消费者带来的好处是：更多的选择。消费者可以根据具体的需要选择阿里巴巴这样中心化的电子商务或者是去中心化的电子商务，从而迫使服务提供者向用户提供更好的价值定位。

OpenBazaar是一个功能齐全、面对全球用户免费使用的点对点市场平台，目标是建立一个去中心化的电子商务基础设施系统。OpenBazaar的创始人布瑞恩·罗夫曼（Brian Hoffman）指出：OpenBazaar的中心价值主张是，为交易双方提供不依赖于可疑中心服务机构的自由交易。

区块链 → 风暴

3. 公共服务领域

在当今社会，有很多时候需要我们去证明自己、证明家人、证明工作、证明房产等。去政府机构进行漫长烦琐的手续证明实在让我们头疼不已，不仅如此，有时候甚至让我们不知如何进行证明。难民身份、重婚危险都是身份证明曾经带给我们的困扰，而区块链技术如何改善这一情况呢？

如何证明"我妈是我妈"？

"该怎么证明我妈是我妈！"这是北京市市民陈先生的一句感慨。

听起来有些好笑，却是他的真实遭遇。

陈先生一家三口准备出境旅游，需要明确一位亲人为紧急联络人，于是他想到了自己的母亲。可问题来了，需要书面证明他和母亲是母子关系。可陈先生在北京的户口簿只显示自己和妻子、孩子的信息，而父母在江西老家的户口簿上早就没有了陈先生的信息。

在陈先生为此感到头大时，有人指了一条明道：到父母户口

第九章 区块链应用场景：真正从"小众"走向"大众"

所在地派出所可以开这个证明。先别说派出所能不能顺利开出这个证明，光想到为这个证明要跑上近千公里，陈先生就头疼恼火："证明我妈是我妈，怎么就这么不容易？"

更令陈先生窝火的是，这一难题的解决，最终得益于向旅行社交了60元钱，就不需要再去证明他妈就是他妈了。

陈先生的遭遇并非孤例，很多人在办事过程中都遇到过类似令人啼笑皆非的证明：要证明你爸是你爸，要证明你没有犯过罪，要证明你没有结过婚，要证明你没有要过孩子，要证明你没有买过房……

这样那样的证明，有的听起来莫名其妙，办起来更是让人东奔西跑还摸不着头脑；而利用区块链技术，比如使用分布式智能身份认证系统，一切信息证明都不可篡改又无误地记录在其中，既不会让私人信息泄露给不法分子，又能在有需要的时候立刻为自己的一切信息做出证明。

如果区块链的技术得到广泛应用，每个人都可以通过家庭关系来证明自己的存在与身份，个人信息被记录在区块链上，就像记在一个分布式公共分类账本上一样。我们如今的身份证就是一个条形码或者二维码，首先它不容易丢失，还有一个好处是万一你不幸成为难民，即使你没有银行账户，也可以凭着这个二维码申请比特币的信用卡，以及接受来自家人、朋友给你的紧急救助资金，而这一切不需要你去任何机构办理任何证明。

身份验证是区块链的一个重要应用，由于区块链数据的不可

更改性、匿名性和可追溯性，任何人都可以通过一个密钥，将自己的所有身份信息登记在区块链上，既方便使用，又能保障安全。

当前，若丢失身份证或护照等，往往会带来一系列的麻烦，因为补办需要时间，还需要提供身份证明，特别是一旦在国外丢失护照，补办或者是办理离境证明少说也需要几天的时间，无疑带来诸多不便。不仅如此，还得避免他人用捡到的身份证件从事不法活动等。当前的身份认证主要依靠卡片证明，但是遇到外貌相似者或者不太负责任的工作人员，冒用成功的机会还是很大的。

一旦有了区块链，不仅永远不必担心身份证、护照丢失的问题，还因为区块链上的身份是独一无二的，所以几乎不可能被冒用。

比如结婚证，当前颁发结婚证的机构为各级政府，虽然现在已经联网，但依然无法做到所有数据完全共享。因此，一个人想要对另一个人隐瞒自己的婚姻状况，理论上讲是完全可以做到的。

新闻上偶有诸如一个人有几张不同的身份证，某人同时与多人结婚最后东窗事发之类的新闻报道，而一旦有了区块链，类似的事件就可以避免，人与人之间的诚信将更有保障。

此外，区块链还能促进无边界的身份验证。无边界的身份验证则更是可以推进金融普惠，使人们平等地参与全球经济，能够有效帮助难民和极端贫困群体。

第九章　区块链应用场景：真正从"小众"走向"大众"

那么，什么是无边界的身份验证呢？

每个人都是有自己的经济身份的，可以定义为身份与商业的结合，是一种经过审查可管理的全球化资产。在发达国家，人们的经济身份不断受到监督，与日常生活中的交易能力密切相关。

拥有良好的信用记录可以使买车、申请抵押贷款、租住公寓或者办理新信用卡更加容易。但是那些根本就没有信用记录的人该怎么办呢？全球有 27 亿人没有银行账户，缺少经济身份。他们可能完全与世界经济脱节，也就永远没有摆脱当前命运的机会。

一旦引入区块链，允许个体在区块链上登记他们独一无二的身份，每个人可以使用这个身份登录数字服务，也可作为一种数字交易的个人签名，然后逐渐获得一种个人信用。所有这些都是存储在一种由用户掌控的环境中的信息，所以完全不会依赖传统机构，哪怕是处于战争状态的难民，也有自己的经济身份。

4. 资产托管领域

资产托管实际上就是委托人接受托管人的资产委托，包括有形资产和无形资产两方面的委托，并对相关资产进行保管和保护。资产托管业务主要的步骤有签订托管合同、开立账户、估值核算、资金清算、投资监督、信息披露、对账等，其流程比较复杂，并在整个托管业务当中人为参与度极高。

资产托管业务所面临的主要风险点包括法律风险、操作风险、声誉风险。面对资产托管所面临的诸多风险问题，不得不说，区块链技术的应用确实对资产托管产业链上的组织方式、交易方式、业务流程的变革提供了一项创新的技术支撑。

资产托管业务分为有形资产托管和无形资产托管两大部分。

有形资产是指那些具有实物形态的资产，包括固定资产和流动资产，如存货、对外投资、货币资产、应收账款等。

无形资产是指企业拥有或者控制的没有实物形态的可辨认的非货币性资产，即没有物质实体的资产。无形资产有广义和狭义之分，广义的无形资产包括货币资金、金融资产、长期股权投资，以及那些具有某种法定权利或技术特性的资产，如专利权、商标权等。

银行托管业务的种类有很多，包括证券投资基金托管、委托资产托管、社保基金托管、企业年金托管、信托资产托管、农村社会保障基金托管、基本养老保险个人账户基金托管、补充医疗保险基金托管、收支账户托管、QFI（合格境外机构投资者）托管、贵重物品托管等。

虽然当前并没有明文规定不可以使用区块链技术解决资产托管业务中存在的诸多风险问题，但是从资产托管业务本身来看，采用区块链技术，为实现资产托管合同上限、依照投资监督指标运行、对托管资产进行控制及跟踪进行智能合约化，以及估值数据和凭证数据存储、更新结构化和自动化提供了可能。从这一角度来看，区块链技术在资产托管业务中的应用，必将使得资产托管在安全、效率流程简化的问题上大大改善。

具体来讲，区块链在资产托管应用中的实施步骤如下：

（1）构建联盟链

由于客户类型相对固定的原因，再结合机构协同和业务流程交互的特点，因此在业务运营过程中资产托管客户与资产托管人之间的合作模型应当以联盟链为最佳。基于联盟链，托管行业或者管理人需要共同配合来构建区块链。

以资产证券化为例，纳斯达克交易所通过染色比的技术来实现资产的数字化，在功能分工上，专门设计了用于资产数字化的发行者节点，负责托管资产的发行。与此同时，该联盟链中的资产托管业务区块链中还引入了加密数字货币，可以实现从资产发布、交易、托管、流通到监督的全流程区块链化，最终实现资产和资金的可追溯性。

（2）双方设置密钥

在资产托管业务中，涉及三类人，包括资产管理人、资产托管人、交易所或登记结算公司。基于托管业务，还包括监管信息报送和监管信息查询两方面的工作，因此区块链节点类型就可以被分为资产管理人节点、资产托管人节点、交易所或登记结算公司节点、监管方节点，所有的这些节点都可以被看作区块链上的参与方。在数据安全问题上，每类节点在交易发送过程中需要以接收方节点（即资产托管人）的公钥加密，并需要发送方节点（即资产托管客户）的私钥进行签名。

（3）流程改造

在进行业务流程改造的过程中，资产托管业务的各个流程中最为复杂的就是对托管产品的估值核算，并且会对托管产品会计科目和科目账进行实时更新。

（4）构建共识机制

资产托管业务在记账的时候，从业务的连续性考虑，资产托管业务区块链的区块依然产生于资产托管人的节点，但究竟是在哪个资产托管人节点产生区块，还需要依据当前的业务情况来制定和选择算法和共识机制。

（5）智能合约约束

在使用智能合约的时候，要综合考虑当前区块链技术的发展现状，同时还要考虑资产托管业务区块链的实时效率如何，并且根据业务需要进行区块链的技术改造。使用智能合约可以实现委托人、管理人、托管人之间的合同或协议自动执行，同时还可以使交易和信息披露实现线上化、自动化、智能化。

版权作为一种无形的法定权利资产，当前也在区块链技术方面具有非常光明的应用前景。

2016年8月1日，国家版权交易中心联盟秘书长单位北京国际版权交易中心与北京太一云科技有限公司签署战略合作协议。双方签署合作协议的目的就是，利用区块链技术来更好地保护著作人的权益。

当前，版权问题依然非常严重，如确权难、盗版严重、公开性差等问题，区块链技术本身具有防篡改、不可逆、安全可靠、可信任、去中心化、分布式、公开透明的特点，区块链技术应用于著作者确权场景当中，可以很好地推动版权登记备案工作的进

一步发展，将会给版权维护工作带来突破性的变革。

总而言之，区块链在资产托管方面的应用，将会给资产托管业务带来更加美好的智能化发展前景，这种基于区块链技术实现的人工智能化是以往任何时候都无法比拟的。

5. 金融领域

在金融体系中,对于借贷而言,最为重要的是对借款人的信用进行调查和评估,从而保证信用贷款业务的安全性,以及信贷企业能够获利。因此,"信用"两个字对于借贷而言至关重要。

目前,除了银行借贷以外,诸如 P2P 借贷、小额贷款企业、提供贷款业务的担保企业、财务公司、金融租赁公司、典当公司、有借贷业务的保险公司,以及专门的贷款公司等如雨后春笋般涌现出来。尤其是 P2P 借贷,作为互联网金融的重要组成部分,近年来呈现野蛮式增长。但是由于技术因素、管理能力、法制环境、信用环境等多方面的欠缺问题,P2P 借贷的信用风险越来越突出。

显然,征信问题已经成为当前众多信贷机构开展业务关注的焦点。通常情况下,在贷款前相关借贷公司都会预测贷款可能遭受的风险,评价借款人的还款意愿和能力,从而采取有效的防范措施,减少或避免信贷风险。借款人的信用评价往往会通过其个人品德(是否诚实可靠)、资本(自有财产状况)、能力(未来按时偿还贷款的能力)、抵押品(审查抵押物的价值和变现的难易程度)、经营环境(是否对变动的环境具有适应性,能够保持经

营的稳定性和持续性）、连续性（预测企业产品的生命周期和市场份额，以及企业的市场前景）等方面进行综合评估。

目前，信用贷款业务的开展，主要是考虑借款人的自身债务偿还能力。对贷款人进行信用调查分析是需要经过一系列的流程才能完成的，这个流程不但工作量大，而且存在信息不完整、数据不准确、使用效率低、易被恶意篡改等诸多问题。

区块链技术在信用贷款业务中的应用，通过将其程序算法自动记录海量信息的方式，并且将它们存储在区块链网络的每一台计算机上，使得这些信息透明化、公开化，这样就提高了信息的篡改难度，同时还在很大程度上降低了使用成本。各个借贷机构以加密的形式存储并共享客户在本机构的信用状况信息，这个时候，客户申请贷款就不用像以往那样再到银行去申请征信查询了，这样就实现了去中心化，借贷机构通过调取区块链的相应数据信息就可以快速完成全部的征信调查分析工作。

此外，基于区块链的智能资产构建无须信用借贷关系，在区块链上已经注册的数据资产能够通过私人密钥随时使用。借贷机构向借款人借出资金的时候，可以将智能资产作为抵押，再借助智能合约的约束来自动执行可以定位为抵押品的智能资产。当所有的贷款流程结束，即贷款全部还清之后，就可以通过智能合约的条件自动解锁了，这样就可以很好地化解可能存在的借贷双方之间产生的问题和争议。

区块链技术同样可以应用于企业与企业之间、个人与个人之间的资金拆借当中，尤其是陌生人之间的借贷方面，可以很好地解决信任问题，使得借贷业务能够更加高效地实现，为借贷双方建立更加友好的借贷环境，更有效地降低借贷违约的风险。

除了以上借贷场景，区块链技术还可以应用于数字企业债券领域。由发行人自主在区块链上注册，如果进行物品抵押或者借助第三方来进行担保，那么相关资产或担保也同样需要通过注册的方式来锁定，债券投资者通过各自端口接入自动发行体系进行认购，当发行人还本付息之后，可以通过智能合约中的条件进行自动解锁，这时候债券债务双方之间的关系就自动解除了，这也是一种人工智能化的有效体现。

6. 公证领域

　　区块链技术在法律方面尤其是在法律公证和财产公证方面更能大显身手。比如，一些民事领域时常出现举证定责难的情况，而区块链技术可以记录下每个步骤，帮助司法机关认定具体责任人。尤其在资产领域，无论是房产、汽车等实物资产，还是健康、名誉等无形资产，都能利用该技术完成登记、交易、追踪；甚至大宗商品的交易，诸如贵金属、期货或证券都可以通过智能编码，将信息写入区块链中来实现。

　　下面我们通过案例来具体了解一下这种应用。

　　芳芳是父母的独生女儿，父亲10年前去世，母亲也刚过世。父母生前留下一套127平方米的房子，价值大约300万元，房产原先登记在父亲名下。父亲去世时芳芳还未成家，因此就没去办理什么手续。现在母亲也去世了，而芳芳也已经成家，女儿也两周岁了，再过一年就要上幼儿园了。因此芳芳就想把房屋过户到自己名下，然后把自己和女儿的户口迁到房子里去。

　　芳芳拿着房产证和父母的死亡证明到了房管局，要求过户。

第九章 区块链应用场景：真正从"小众"走向"大众"

房管局的人说仅凭这些东西没法给芳芳办过户手续。芳芳要么提供公证处出具的继承公证书，要么拿法院的判决书，他们才给办。芳芳没办法，谁愿意没事打官司啊，于是马上去了公证处。

"公证处的人说让我把我爸妈的亲戚全部找到，带到公证处去才给办公证。可我爸妈的亲戚全国各地都有，有的都出国了，我到哪儿去找他们？"芳芳找到律师说明情况时，还没说几句就哭了。

据律师介绍，此类事件并非偶然事件。律师已经接待过大量类似的继承疑难杂案，而且根据律师接待过的经验，根据现有的法律，即使她费尽周折找到她遍布全国甚至在国外的七大姑八大姨、众堂表亲兄弟姐妹，她也不一定能达到将房子过户到她名下的目的。

目前社会中的公证成本是非常高的，大多数公证均依赖于政府机关的信用来完成。区块链技术的去中心化特征能让数据资料通过数字信用背书的方式，在没有政府机关介入的情况下完成自动化公证过程，且数据会永久保留并可随时追踪源头。

区块链是一个公共记录账本，存储于全世界数以千万计的计算机之中。存储信息具有的公开公证的可复制性与不可更改性，使得这种公证比目前各国使用的传统公证方法更安全。

7. 人力资源领域

近几年来,"组织扁平化"和"合伙人制度"是人力资源发展的一大趋势。"组织扁平化"和"小组工作制"实际上就是通过"多中心化"来替代过去的"层级制",从而提升人力资源管理的效率,这和区块链的"去中心化"不谋而合。不仅如此,区块链与人力资源结合,还能起到节省人力、打击履历造假、提升招聘效率等多方面的作用。

因此,虽然区块链在人力资源领域的应用是近一两年才走进大众视野的,成熟的案例不多,却被业界非常看好,未来这个领域的应用拥有十分广阔的发展空间。

往往最顶端有一个总经理,下面有区域总经理、总监、主管、基层员工等。这样的组织结构不仅决策效率低(因为一级一级的批复),还容易形成官僚化作风甚至腐败,打压基层员工的积极性。

所以,近几年来,"组织扁平化"和"合伙人制度"是人力资源发展的一大趋势,当前比较热门的公司,例如小米、华为、万科等都在提倡这种模式。这种模式本质上就是部分去中心化——

中心的作用在减弱，围绕着中心的小团队的话语权在加强。

但是这种模式实施起来并不是那么容易的，去中心化一旦操作不好，就容易乱。没有了中心的协调，团队之间如何达成信息透明化，如何达成高效沟通和友好协作？

我们会发现，由于区块链是点对点之间的通信，且具有数据透明化，所有节点都可以共享，因此在人力资源组织变革这一领域大有可为。

具体来说，"区块链+人力资源"有下面几大优势：

（1）节省人力

随着科技进步，未来智能设备通过物联网能帮助用户自动化处理一些日常工作，缺少某些日常用品时能自动收集信息并购买。通过区块链技术，可以在分布式物联网上建立信用监督机制。利用区块链的交易信息记录来查看智能设备是否工作，也可利用智能合约来约束智能设备的行为，这样就可以节省很多人力了。

（2）彻底打击学历履历造假

无论哪个行业、哪个领域的招聘，不确定性最大的就是候选人的资历真实性，这项流程耗费的时间和成本也很大。因此，现实中大多用人单位选择不去审核证书及履历。如果将所有信息保存在区块链里，候选人可以授权信息访问，就可以避免繁杂的流程，达到更精确的核对效果。

（3）企业流程再造

企业在交易过程中，交易方都希望透明，并简化交易过程，尤其是采购方希望节约交易成本，想要设立一个自动化交易过程，比如全款支付、支付部分金额、补贴、罚款等，但是在交易过程中，多方会参与进来，例如银行等金融机构、采购方、物流公司、供应方等，这就需要对整个交易供货流程有完整记录。

区块链技术能实现透明公开的交易，会把整个交易信息都记录在总账本上，交易涉及者都能够监管记账，从而提高交易效率，降低交易风险。

（4）改造招聘

除了证书造假，背景调查也是一项让招聘者头疼的事情。

很多小型公司依赖于和候选人指定介绍人的几通电话或者电邮，其限制性很明显。大型公司有时会直接或通过第三方进行更多背景的调查。

确认候选人背景的可信度需要接触多个不同的信息源，特别是候选人曾经的雇用时间及地点。现在任何人都可以随便说在哪里工作过。

一旦有了区块链，了解候选人背景就很容易了，因为区块链可以溯源。

当然也有合理的担忧，尤其是隐私性。相关信息本质上是私人的，在很多国家受到严格监管，然而只要个人许可，还是可以安全地在区块链上发布信息，让个人只与自己授权的对象分享信息。

8. 知识产权领域

区块链技术正被应用于版权保护领域。通过发展基于区块链的数字版权管理（DRM）技术，对软件发行的每一份授权许可或者著作人对作品的版权进行记录和跟踪，使作者对自身的知识产权有更加强大的控制权。

保护知识产权就是保护创新，用好知识产权就能激励创新。

知识产权数据资源汇集了人类智慧，对知识产权大数据进行有效利用和深度挖掘，不仅是推动科技创新和知识产权创造与保护的重要基础，而且能创造出巨大的经济社会财富。

知识产权大数据可以为创新主体提供以下方面的重要服务：

（1）找技术

创新主体可以用知识产权大数据发现自己想要进入的领域有哪些先进技术，最新研究成果是什么，以便于"站在巨人的肩膀上"创新。

（2）找人才

创业创新需要寻找最契合的合伙团队和最优秀的研发团队。创新主体通过知识产权大数据分析，可以找到该领域最优秀的技术研发人员。

（3）找商机

知识产权大数据可以帮助企业在专利运营过程中发现潜在买家，或者寻找合适的投资项目。

（4）看趋势

知识产权大数据帮助企业了解产业最新发展态势，为企业进行商业决策提供支持。

（5）避风险

分析知识产权大数据可以防范和规避知识产权侵权风险，为企业发展保驾护航。

知识产权大数据的巨大价值以及广阔的发展前景，吸引了越来越多的企业开始从事知识产权大数据的研发和应用。目前，许多从事知识产权服务的机构都很重视大数据资源的积累、建设和应用，开始尝试探索新的数据应用模式，并取得了一定的成果。

但是，知识产权产业痛点较多，按纵向产业链划分，主要可以归纳为三大方面：

第一，确权耗时长，时效性差。知识产权的所有权注册，主要就是版权注册。理想条件下，这种注册不仅能精确地记录作品的原始所有权归属，还能记录所有涉及该作品的后续交易。

在中国，目前版权确权行业的效率在互联网企业的带动下提高了不少。较线下公司动辄几个月的确权时间不同，互联网确权服务公司基本上把时间控制在 30 个工作日内，一些网站还提供加急通道，在 10 个工作日内完成确权过程。总体来说，互联网企业的进入加快了确权进程，但整体过程的时效性仍然较差。

在美国，尽管版权注册并不是必须进行的，但也确实提供了非常重要的法律优势，特别是在出现诉讼相关的纠纷中。虽然正式注册证书的颁发需要几个月时间，但注册的法律效力是从正式提交申请的日期开始生效的，所以相对而言，时效性在美国不是大问题。

第二，用权变现难，供需失衡。目前，知识产权行业存在严重的供需失衡，而且更多地体现在供需无法匹配上。

对于文学作家、摄影师和词曲作者而言，自身作品缺乏有效的证明和保护方法，传统的版权证明方式依赖权威的第三方认证，使用时成本很高，造成了内容流通和变现的困难。实际上侵权者有充分的途径绕开或者根本无视这些传统第三方认证渠道，而作者们也无法有效限制和打击侵权者，极大地制约了作者们对自有作品的使用。

在新兴的数字版权时代，如何有效解决版权保护的问题，方便版权交易和推广，确实需要有突破性的方法。

第三，维权效率低，溯源困难。从维权环节来看，追溯链条较长。

首先，界定侵权难度大，需要逐级查看授权说明才能最终确定侵权。特别是对于声音和图像这种数字内容而言，更容易引起所有权争议。这也是数字版权推广遇到的阻碍，因为很难分辨"原版"和"仿作"。

其次，维权追溯难，在确定侵权后，权利溯源难度较大。以音乐版权为例，词曲人拥有词曲的著作权，歌手拥有歌曲的版权，此外还包括复制权、发行权、播放权、放映权等一系列的权利交叉在其中，权利归属的复杂程度可想而知。

最后，我国历史上版权违法现象较严重，下载盗版音乐、不标注引用来源很普遍，而这种现象似乎也反过来使用户对以前的侵权行为变得更加宽容。

区块链技术也许能为我们提供一个更好的解决办法。

首先是确权。直接在区块链节点中声明所有权，理论上做到确权。

其次是用权。点对点直接沟通，降低成本的同时加速供需匹配。

最后是维权。权利归属清晰，快速定位侵权行为与侵权主体。

区块链的不可更改特性能够让知识产权保护变得更加简单

和低成本，通过完全自动的方式让每一个人都可以对任意的数据信息进行快速注册和备案，这将会彻底改变目前全球知识产权保护的格局。因为就像当软件复制的边际成本接近于零时，也就意味着它和传统产品的发行会变得完全不一样；而知识产权注册的成本接近于零时，有可能会诞生一个空前庞大的微知识产权交易市场，彼时的知识产权大数据将大有可为。

9. 区块链应用的挑战与机遇

区块链是建立社会治理新体系的创新方法。

（1）构建新一代互联网体系

区块链构建在互联网之上，随着这个系统的扩展和完善，它本身就逐渐成为构建上层去中心化应用的一个基础服务层，成为新一代互联网的重要基石。

第一，区块链是新一代互联网的分布式账本系统，是一种对互联网上的各种数据资产及其处理这些数据资产的互联网事务进行记录、加密和认证的基础结构。数据资产全生命周期的事务被分布式记录。

事务的安全性由点对点的计算机网络上的密码学算法保证，在将事务永久保存在分布式数据库（区块）之前，需要对其验证。一旦验证完毕，它将是共享的、匿名的、防篡改的，并且是易查询的。

第二，如果说上一代互联网建立了计算机之间数据传输的可

达、可信和可靠，那么区块链技术则首次在互联网上建立了"信任"。互联网被区块链划分出一个"信任"的连接层，可以记载、验证和转移数据资产和经济价值，价值互联网和可信互联网将名副其实。区块链承认人类是自私的，承认人与人之间、人类组织之间彼此有隔阂、猜忌和不信任，但区块链将进一步保证新一代的互联网是人类共同可以信任的信息基础设施。

第三，区块链不仅仅是数字货币、智能合约、智能资产的分布式系统，随着物联网（Internet of Things）的发展，实物也被赋予智能，区块链就是万物的账本（Ledger of Things），将成为万物互联的基础服务层。随着人工智能、物联网、大数据等技术的发展，即使万物具备了像人一样的智能，区块链也能确保其安全运行。对万物而言，这是一个可信任的网络，一个共建秩序的网络。

第四，区块链的信任基础是通过密码学算法的背书而建立起来的，能让人们在互联网世界里实现信息共享的同时，又保护参与者的个人隐私。

在区块链中，特别是在公共区块链中，任何数据记录只属于互联网本身，它不属于任何中心化的机构，这保证了互联网在真正意义上"去中心化"的道路上又迈出了坚实的一步，这有希望让人类共同的互联网在更深远的意义上成为人类共同的家园。

（2）区块链将改变企业组织

随着互联网经济、分享经济、智能制造等新经济的发展，企业的组织结构发生了巨大的变化。

第一个趋势是企业组织结构逐渐扁平化和柔性化。过去，自上而下的垂直型组织结构，层级越来越多，管理和沟通成本越来越高，对商业环境的响应越来越慢。在互联网时代，"大象跳舞"确实显得笨拙和不适应。企业组织结构的扁平化和柔性化是大势所趋，事业部制、内部市场化等都是在扁平化和柔性化变革方面的有益尝试。

第二个趋势是企业组织结构逐渐开放化。消费者逐渐参与到企业的经营中，通过企业社区、电商平台等媒介，消费者表达着对产品和服务的需求、满意度和服务体验，消费者参与到产品设计，转化为产销者（Prosumer = Producer+ Consumer）。合作伙伴和供应商也和企业紧紧地联系在一起，上下游产业链演化为产业生态，大企业成为一个平台，小企业成为依附平台的一个个创新应用，数据则成为彼此的纽带。

第三个趋势是企业组织结构逐渐互联网化、智能化、虚拟化。移动办公、智能制造、电子商务、网上服务，互联网正成为企业业务与管理活动的基础设施，数据正成为企业运作的基础资源，"互联网+业务"正成为企业的基本商业模式，企业组织结构的互联网化和虚拟化也是必然趋势。一个 APP 可以是一个企业，一个社群，此时企业的组织形态已经不重要了，只要拥有用户，就能成就一个商业模式。

区块链将成为下一代价值互联网的基石，也将深刻影响企业

的组织方式。从数字货币、智能合约到万物互联网资产，每一个资产的转移都构筑在区块链上，企业的组织结构也将区块链化。

让我们畅想一下未来的变化。首先，一大批中心化的中介机构将不再存在，他们的生意被区块链"抢走"了。其次，企业的记账、审计、对账等职能将逐渐弱化，甚至消失。智能合约的重要性越发突出，且合约确定将自动执行，不受股东或者任何第三方的控制，合约的达成将异常重要。所以，专业的区块链数据服务公司和律师事务所的价值将进一步凸显，地位也越发重要。

去中心化应用成为趋势，个人对个人的共享经济有了更大的发展，企业组织结构也将呈现两极分化，一类是大型区块链平台企业，另一类是众多小而美的小微企业，甚至就是一个人。区块链将改变组织的未来形态。

（3）区块链平台模式

商业模式是利益相关方的交易结构和价值交付模式。区块链是一个分布式账本技术，是一个公共平台，它能够为平台相关利益方提供很多普遍价值，例如，去中心化、去信任、安全、不可篡改、历史数据全记录、多方共识等，也能够为平台相关利益方提供更加个性化的应用价值。

区块链将成为一个平台，基于区块链的商业模式会层出不穷。

区块链是一个架构在点对点网络上的分布式系统，本身就是一个数字货币、智能合约或数字化资产的支撑平台，因此平台模式是一个重要的商业模式，正如比特币平台、彩色币平台、以太坊平台等，它们的基本商业模式就是提供区块链平台，建立生态体系，为大量用户提供区块链的各类基础服务和未来的增值服务。

后 记

从我与林博士为书稿完成隔海击掌，到终于完成出版前审查，差不多有五个月之久。这期间，区块链领域分化成币圈和链圈，冠以联合国、世界、全球的组织纷纷粉墨登场，一些非"山寨"的社团组织也耐不住寂寞，叫出响彻云霄的运动式口号，8·24之后更是"逆风飞扬"，好一番热闹场景。

我有幸被邀进入了一些微信群，居然发现一些空气币、传销币的项目方也位列"仙班"。我受到不止一家组织的"青睐"，要把我包装成和那些个"大咖"齐名的"新咖"。在这里，一并谢过了。我认死理、太另类，我还是坚守自己的"消费福利化"阵地吧，不敢说"曲高和寡"，却自觉"骨格清奇"，实在做不出欺世盗名、误人子弟、"毁人"不倦的事。

必须厘清的事实是，尽管区块链精神具备普世价值的属性，区块链技术具有颠覆传统互联网的天赋，然而，区块链绝不等同于发币或发链，任何国家和地区对应用这门新技术的扶持鼓励，都不可能演变成全民发币的无政府主义。真正可持续的区块链应用场景，必须存在可信中心。泛去中心化的大同社会，或许存在于未来世界，但对于在当下时空里交集的我等地球子民们来说，那是遥不可及的空想。

非常痛恨"割韭菜"在人们口中、笔下成为一个没有羞耻感的名词。制造泡沫，设计骗局，收割非法所得，这是何等的无耻！为什么不能从官方到民间达成"只有新生价值创造出来后，才有福利值的增长基础，才能遵循多劳多得、不劳不得的原则分配这些价值"这样的共识？

借助区块链技术，共识写进合约、纳入法治，困扰现代人的诸多痛点不就彻底纾解了吗？

另外，商业积分、消费积分、游戏积分等数字资产，如果按一定规则置换总量恒定的区块链 Token，Token 锚定艺术品、黄金、股权、产权、版权等各类资产，Token 价值多元，系统内的升值空间才有了对标实业、实体、实物的地气和底气！

最近本领域内兴起 Token 证券化或证券 Token 化，这正是泛去中心化退潮后的理性回归迹象。监管，来自公权力中心的监管，必要、必须、必定持续强化，尤其在"厉害着的我的国"！

愿好人一生平安！

戴永彧

2018 年 8 月